모든 삶은
실수로
시작된다

모든 삶은
실수로
시작된다

느림보 부자 아빠가 들려주는
30가지 솔직한 이야기

발행일 2023년 10월 20일 1판 1쇄 발행

지은이 신태순·김현정

펴낸이 조우석

펴낸곳 나비스쿨

편집장 김현정

디자인 studio J

마케팅 팀장 이민지

인쇄 예원프린팅

등록 No.2020-00008

주소 서울특별시 성북구 돌곶이로 40길 46

이메일 navischool21@naver.com

ISBN 979-11-984403-1-0 (03190)

모든 삶은
실수로
시작된다

글 신태순 ㅣ 김현정

느림보 부자 아빠가 들려주는
30가지 솔직한 이야기

나비스쿨

여전히 실수하는 우리를 위해

목차

첫 번째 장　나에 관한 실수

실수 1　　진즉 망가져 볼걸 그랬다　/ 12

실수 2　　자신을 좀 더 믿어볼걸 그랬다　/ 19

실수 3　　마냥 착한 아들로 살지 말 걸 그랬다　/ 26

실수 4　　삶이 아름답다는 걸 빨리 알아챌걸 그랬다　/ 32

실수 5　　좀 더 천천히 걸을걸 그랬다　/ 42

실수 6　　주눅 들지 말 걸 그랬다　/ 50

실수 7　　일찌감치 반항해 볼걸 그랬다　/ 58

실수 8　　공부를 조금만 덜 열심히 할걸 그랬다　/ 64

실수 9　　더 많은 친구를 만나 볼걸 그랬다　/ 72

실수 10　　쓸모없는 모험을 해 볼걸 그랬다　/ 80

두 번째 장 가족에 관한 실수

실수 11   좀 더 빨리 결혼할걸 그랬다   / 90

실수 12   아이와 얼른 만날걸 그랬다   / 97

실수 13   솔직하게 말할걸 그랬다   / 103

실수 14   진즉 제대로 다퉈볼걸 그랬다   / 111

실수 15   가끔은 내려놓을걸 그랬다   / 119

실수 16   진즉 집에 머물걸 그랬다   / 126

실수 17   괜찮은 척하지 말 걸 그랬다   / 133

실수 18   더 말하고 더 들을걸 그랬다   / 141

실수 19   좀 더 활짝 웃을걸 그랬다   / 148

실수 20   아픔을 외면하지 말 걸 그랬다   / 155

세 번째 장 **돈에 관한 실수**

실수 21   돈을 미워하지 말 걸 그랬다   / 164

실수 22   겉모습에 휩쓸리지 말 걸 그랬다   / 172

실수 23   조금 덜 벌고 좀 더 행복해질걸 그랬다   / 182

실수 24   사람의 힘을 믿어볼걸 그랬다   / 189

실수 25   겁내지 말 걸 그랬다   / 196

실수 26   작은 실패에 연연하지 말 걸 그랬다   / 203

실수 27   가끔은 엉뚱해져 볼걸 그랬다   / 210

실수 28   눈앞의 행운에 만족할걸 그랬다   / 216

실수 29   게으름의 위력을 알아챌걸 그랬다   / 224

실수 30   더 많이 실수해 볼걸 그랬다   / 232

나에 관한 실수

진즉 망가져 볼걸 그랬다

　내가 우스꽝스러운 춤을 추면 아들의 표정이 들썩거린다. 왠지 뾰로통해 있던 얼굴에 엷은 웃음기가 피어오르고, 수줍은 듯 시작됐던 몸놀림에 막춤이 더해진다. 음악 소리가 빨라질수록 춤은 흐느적해지고, 지나가던 사람들이 뭔 일인가 흘끗거려도 우린 그냥 열심히 몸을 흔든다. 올해 여덟 살이 된 큰아들이 부끄러움에 조금 눈을 뜬 것 같긴 하지만, 그래도 몇 년은 더 길거리에서 만나는 노래에 몸을 맡겨볼 수 있을 것 같다.

　나한테 그 일이 일어난 건 초등학교 4학년 때였다. 그때까지만 해도 나는 못 말리는 장난꾸러기였다. 그날도 온몸을 써가며 친구들을 한창 웃기던 참이었다. 신이 나서 팔을 마구 휘두르다가, 그만 중심을 잃고 바닥에 와장창 넘어지고 말았다. 그 바람에 병원으로 실려가 수술대에 올라야 했다. 다섯 시간이 넘는 수술을 마친 뒤 문제가 생겼다. 지금도 어머니는 몸을 떨며 그때 말씀을 하신다. 아무리 기다려도 마취에서 깨어나지 않는 나를 붙잡고 대성통곡을 하고 있는데, 문득 목소리가 들리더란다.

"엄마…, 나 괜찮아요."

힘겹게 한 마디를 하고는 다시 눈을 뜨지 못했다. 그렇게 꼬박 이틀을 누워 있다가 겨우 깨어난 뒤 나는 변했다. 죽음의 문턱에 섰던 경험이 어린 나를 어둡게 만들어버린 것이다. 그때까지 내 마음을 차지했던 '말썽꾸러기 신태순'은 가슴 깊은 곳에 닫아두고, 백팔십도 달라진 모습으로 세상을 대하기 시작했다. 지금도 기억이 난다. 사는 게 뭘까 고민하면서 천진하게 뛰노는 친구들을 말없이 바라보던 열 살 무렵의 내가 말이다.

중학생이 된 뒤에도 난 그리 달라지지 않았다. 그러던 어느 날 다른 반 아이가 복도에서 춤을 추는 모습을 보았다. 홀린 듯이 그 친구가 있는 반을 찾아갔고, 다짜고짜 춤을 배우고 싶다고 말했다. 별 웃긴 놈 다 보겠다며 거절하면 그만인 것을, 그 친구는 흔쾌히 나를 받아주었다. 수업이 끝난 뒤 빈 교실에서 친구의 춤 강습이 시작되었다.

형편없는 실력임에도 연습을 거르지 않는 내 모습이 기특했는지, 아니면 달리 가르칠 사람이 없었는지, 어쨌든 그 친구는 나를 동료로 여겨주었다. 함께 무대에 서고, 같이 대회에도 나갔다. 사람들 앞에 설 날짜가 다가오면 늘 긴장 상태로 지냈다. 일주일 전부터 먹은 걸 전부 토하기도 하고, 잠들지 못하는 날도 많았다. 그 고생을 해가며 왜 춤을 췄는지 지금도 잘 모르겠다. 어쩌면 나한테 춤은 까불던 시절의 그림자 같은 게 아니었을까 하는 생각이 든다. 장기자랑을 하는 날이면 언제나 손을 번쩍 들던, 망가지는 데 아무 거리낌이 없던 4학년 무렵의 신태순이 그 안에 있었다.

조각난 팔뼈를 이어 붙이는 수술을 받고 난 뒤, 석고 붕대로 뚱뚱해진 왼팔을 어깨에 고정한 채 학교에 나온 나를 친구들은 낯선 눈으로 쳐다보았다. 남들을 웃기는 데 온 힘을 썼던 아이가 영혼이 바뀐 듯 침울한 사람이 되어 돌아왔으니, 마치 개구리가 소금쟁이로 변한 느낌이었을 게다.

"태순아, 지금도 많이 아파?"
"갑자기 왜 그렇게 조용해진 거야?"
"너무 말이 없으니까 이상하잖아."

친구들이 아무리 그런 말을 해도, 그 애들과 어울리는 게 내게는 시시하게 여겨졌다. 내일 당장 죽을지도 모르는데, 지금 뛰어노는 게 무슨 소용이란 말인가. 그때는 그런 자신이 어른스럽다 생각했지만, 돌이켜 보면 마음 한 자락에 두려움이 놓여 있었던 것 같다. 앞뒤 안 가리고 망가졌다가 팔이 부러졌고, 팔을 고치려고 수술을 받다가 하마터면 세상을 하직할 뻔 했다. 철없이 까불다가 또 그런 일을 겪을까 봐 나는 겁이 났다.

그때를 떠올리면 후회가 된다. 그러지 말 것을. 언제 다쳤는지 다 까먹고 그냥 신나게 뛰어놀 것을. 세상 다 산 사람처럼 우울한 표정을 짓지 말 것을. 망가지고 내던지면서 좀 더 자유롭게 날아볼 것을.

아이를 키우면서 진하게 깨달은 사실이 있다. 온몸을 던져 망가질 수 있는 시기에 유통기한이 있다는 것이다. 큰아이가 세 살쯤 되었을 때 우리는 새끼손가락을 걸고 약속했다. 길을 걷다가 음악이 나오면 그게 어디든 신나게 몸을 흔들기로 말이다. 들려오는 음악이 없을 땐 휴대폰 스피커로 노래를 틀어놓고 멀쩡한 동네 한가운데서 둘이 나란히 춤을 춘 적도 있다. 그런데 아들이 일곱 살이 되더니 살짝 주저하는 모습을 보였다. 내가 싱긋 웃으며 먼저 망가지면 이내 따라서 추긴 했지만, 예전처럼 무아지경으로 음악에 몸을 맡기는 횟수는 줄었다. 안타깝지만 그러면 또 어떻겠는가. 뭐든 자연스러운 게 제일이니 말이다.

아들이 초등학교에 들어간 뒤로는 매일 함께하는 등굣길에서 춤을 추는 일이 더 줄었다. 한층 의젓해진 모습이 대견하기도 하고, 어릴 때처럼 마냥 춤췄으면 싶기도 하다. 조심스레 바라는 게 있다면, 아들의 마음밭에 '남 눈치 안 보고 마냥 망가짐'의 씨앗을 심어둔 게 언젠가 쓰일 때가 왔으면 하는 거다. 나중에 미친 듯이 춤을 추고 싶어지면 예전의 그날을 어렴풋이 떠올리며 신나게 몸을 흔들어다오, 아들아.

대학 졸업을 앞두고 무엇을 해야 할까 고민하고 있을 무렵, 부모님은 5급 공무원 시험을 권했다. 행정고시와 외무고시라는 낯선 세상에 난 겁 없이 뛰어들었다. 그때까지만 해도 나는 공부한 만큼 결과가 나오는 게 시험이라고 여겼다. 그저 두세 번쯤 치르고 나면 합격증을 손에 쥐겠지 싶었다. 하지만 그 생각은 이내 무너졌다. 행정고시, 외무고시, 행정고시, 또 외무고시. 금방 붙을 것 같았던 시험에서 나는 계속 떨어졌고, 그런 생활이 삼 년째에 접어들자 마음이 불안해졌다.

사달이 난 건 다섯 번째로 시험장에 들었을 때였다. 시험을 보는 내내 머릿속에서 또 다른 내가 끊임없이 말을 걸어왔다.

"신태순, 이거 왜 하는 거야?"
"이 시험 봐서 뭐 할 건데? 합격할 자신은 있고?"

"여기 앉아 있는 게 네 생각 맞아? 정말 하고 싶은 게 이거야?"

네 시간 반 동안 글자를 한 줄도 읽을 수 없었다. 머릿속에서 왕왕대는 목소리가 끝도 없이 나를 괴롭혔다. 몇 달 뒤에 치른 시험에서도 사정은 나아지지 않았다. 머릿속 말소리를 버텨내느라 이마에서 식은땀이 흘렀다. 마감 종이 울리자마자 도망치듯 시험장을 빠져나왔다. 당시 나는 술 없이는 잠들지 못할 정도로 몸과 마음이 망가진 상태였다. 하지만 누구한테도 털어놓지 못한 채 하루하루 꼬챙이처럼 말라갔다. 지금도 그때를 떠올리면 온몸에 오한이 든다. 세상의 이치는 어쩌면 그리도 잔인할까. 절대 망가지면 안 된다는 생각이 결국 나를 망쳤다는 사실을 끝내 부모님께 알리지 못했다. 자랑스러운 큰아들이 되어야 한다는 걸 숨 쉬듯 당연하게 여기던 시절이었다.

생각해 본다. 힘겹게 마취에서 깨어난 뒤 내 의지로 망가져 본 경험이 단 한 번이라도 있었다면 시험장에서 그렇게까지 정신 나간 상태가 되었을까. 아니, 한 번 겪은 뒤에도 비슷한 상황에 또 스스로를 밀어 넣었을까. 망가져 보겠다고 마음을 놓으면 오히려 온전한 내 자신이 보이고, 절대 망가지면 안 된다고 버티면 끝내 와사삭 무너져 버린다는 진실을 왜 빨리 알아채지 못했을까.

그날 나는 죄지은 사람처럼 여섯 번째 시험장을 떠났다. 어디 내

놓아도 손색없는 큰아들이 착실한 고시생으로 돌아가길, 그래서 다시 온 마을의 자랑이 되어주길 부모님은 마음 깊이 바라셨지만, 나는 그 소용돌이에 또 발을 담글 자신이 없었다.

그때 고시생들이 모여 살던 기숙사에 나이 많은 선배가 제법 있었다. 벌써 십 년 가까이 사법고시에 매진하던 이들도 여럿이었다. 그 가운데 한 사람이 한밤중에 기숙사를 나가서 행방이 묘연해졌다는 소식이 들렸다. 또 한 사람은 정신병원에 입원했다고 했다. 그 말을 듣고 정신이 번쩍 들었다. 욕심이 사람을 이렇게까지 망치는구나 하는 생각이 번개처럼 머리를 꿰뚫었다. 졸업마저 미루고 애썼던 나의 삼 년은 뭘까. 세상으로부터 모습을 감출 만큼, 미친 다음에야 비로소 놓을 수 있을 만큼, 그렇게 중요한 자리가 정말 있기는 한 걸까. 그런 생각이 든 순간, 몸 하나 겨우 누일 좁디좁은 방에서 나는 미련 없이 빠져나왔다.

오늘도 나는 아들을 기다리며 초등학교 교문 앞에 선다. 손을 꼭 잡고 돌아오는 길에 휴대폰 판매점 스피커에서 우리가 좋아하는 그 노래가 흘러나올지도 모르겠다. 그럼 나는 손을 살며시 놓고 바람인형처럼 흐느적거리며 우스꽝스러운 춤을 다시 추기 시작할 것이다. 아들의 얼굴에 참을 수 없다는 듯 깔깔거리는 웃음이 가득 떠오를 때까지 말이다.

자신을 좀 더 믿어볼걸 그랬다

그날따라 평소에 아내를 따라 갔던 사주카페에 혼자 찾아갔다.

"올해는 부동산을 하셔야겠네요."

"네? 부동산이요?"

"맞아요, 부동산. 곧 감당할 수 없을 만큼 쉴 새 없이 돈이 들어올 거예요. 그럴 땐 괜한 곳에 투자하지 말고, 제대로 된 거 하나 사서 엉덩이에 깔고 있는 게 최고예요. 부동산을 해야 할 때가 온 거죠."

돈이 많이 벌린다는 데 싫어할 사람이 있을까. 왠지 으쓱해진 기분으로 사무실로 돌아왔다. 그리고 며칠 뒤, 오랜만에 친구한테 전화가 왔다. 그리 살뜰하게 친하진 않지만, 그래도 가끔씩 안부를 전하던 사이였다. 그런데 친구가 뜬금없이 재산 자랑을 시작했다. 자기가 부동산에 재미를 들였는데, 전국에 아파트랑 상가가 40채 넘게 있다는 이야기였다. 놀라운 건, 그걸 전부 모으는 데 자기 돈은 한 푼도 쓰지 않았다는 사실이었다. 어떻게 그런 일이 가능하냐는 물음에, 아무 것도 아니라는 대답이 돌아왔다.

"원래 그런 거야. 은행에서 알아서 빌려준다니까."

그게 무슨 말이냐며 어수룩하게 묻자, 그 친구는 자신의 재산을 늘려주는 데 일조한 지인을 선뜻 소개해주었다. 일단 한번 보기나 하자고 약속을 잡으면서, 그 사주카페가 참 용하다는 생각이 머리를 스쳤다.

그렇게 처음 만난 자리에서 친구의 지인은 시원시원한 말투로 부동산 투자의 간단함을 설명했다. 듣고 보니, 여태 그런 방법을 몰랐던 자신이 바보처럼 느껴졌다. 내가 호의적인 반응을 보이자, 그 후의 일은 일사천리로 진행되었다. 하루가 채 지나기도 전에 은행 직원이 나를 찾아왔다. 신용상태를 간단히 묻더니, 대출 신청 서류를 꾸렸다. 좋은 소식 기다리셔도 괜찮을 것 같다며, 그 직원은 기분 좋게 문을 나섰다. 뭔가 이상하다고 느낀 건 그로부터 며칠이 지난 뒤였다. 본 적 없는 등기 권리증 두 장이 날아온 것이다. 고개를

모든 삶은 실수로 시작된다

갸웃거리며 전화를 걸어 보니, 대출 서류가 통과되면 자동으로 상가 매입에 들어간다는 설명이었다. 나는 계약서를 쓴 적도, 도장을 찍은 적도 없다고 말하자 친구의 지인이 싹싹하게 이야기했다.

"신 대표님 도장은 저희가 만들었어요. 아무 걱정 마세요. 월세 낼 사람만 구하면, 대출 이자는 그 자리에서 해결돼요. 원금도 나눠서 갚으면 되고요."

세상에, 땅 짚고 헤엄친다는 게 이런 건가 싶었다. 내 돈 한 푼 쓰지 않고 상가 두 채가 생기다니, 이런 횡재를 소개해준 친구가 정말 고맙게 느껴졌다. 그런데 두 달이 지난 뒤, 돈을 빌린 은행에서 독촉장이 날아왔다. 대출 이자가 연체되었다는 내용이었다. 이게 무슨 일이냐며 연락을 했더니, 아무 일도 아니라는 듯 가벼운 대답이 돌아왔다.

"상가에서 장사할 사람이 아직 구해지지 않아서 그래요. 금방 해결할 테니 조금만 기다리세요."

한 달 뒤 대출 이자에 연체 금액이 더해진 독촉장이 또 날아들었다. 전화 너머에서 들려오는 친구 지인의 목소리는 이전보다 정신이 없어 보였다. 뭔가 일이 제대로 굴러가지 않는 느낌이었다. 그 사람은 자신이 관리하는 부동산이 한두 채가 아니라면서, 지금 분양 중인 아파트를 구매해주면 상가 문제를 해결해주겠다고 말했다. 은행이 두 달째 독촉 중인데 무슨 돈으로 아파트를 사느냐고 물으니, 대출로 간단하게 처리할 수 있다고 했다.

상가 문제를 신경 써 주겠다는 말에 나는 또 대출 서류를 썼다. 이번에도 등기 서류 두 장이 훌쩍 날아왔다. 아파트에 들어올 사람은 어떻게 찾았는지, 그쪽 이자는 그럭저럭 해결이 되었다. 그런데 철석같은 약속과 달리 상가 세입자는 좀처럼 구해지질 않았다. 한 달 한 달 허덕이며 고액의 대출 이자를 갚는 시간이 이어졌다.

엎친 데 덮친다고, 그 와중에 법원에서 고소장이 날아왔다. 상가를 지은 건설사가 소유주를 상대로 고소를 했다는 것이었다. 나중에 그 일이 건설사의 농간으로 밝혀졌지만, 한동안은 영문도 모른 채 경찰서를 드나들며 마음고생을 해야 했다.

내 친구도 나처럼 고소장을 받았다. 이것저것 해결할 게 있다며 함께 변호사를 구하자고 했다. 어쩔 수 없이 비용을 나누어 냈다. 하지만 친구가 데리고 온 변호사는 일 처리가 엉망이었다. 아무것도 해결되지 않은 채 차일피일 시간만 흘러갔다.

그런데 그 과정에서 괘씸한 사실을 알게 되었다. 햇볕도 들지 않는 이층 구석에 상가 두 채를 가진 나와는 달리, 나를 부동산 투자로 이끈 친구는 목이 좋은 일층에 상가를 소유하고 있었다. 일찌감치 세입자를 구한 덕분에 대출 이자와 원금도 꼬박꼬박 갚고 있었다. 다 알아서 할 테니 구경할 필요 없다는 친구 지인의 호언장담을 믿었던 나의 무지함이 화근이었다. 지금 생각하면 말도 안 되는 일이지만, 그때는 왠지 그렇게 일 처리를 하는 게 부동산 고수의 자세인 것 같아 괜스레 허세를 떨었던 것이다.

그리고 삼 년 뒤 진짜 문제가 터졌다. 은행에서 돈을 갚으라는 연락을 해 온 것이다. 알아보니, 은행 직원이 친구의 지인과 짜고 연장이 안 되는 대출을 마구잡이로 주선했다고 했다. 과도한 수수료를 챙긴 직원은 결국 해고를 당했고, 친구의 지인은 끝내 연락이 닿지 않았다.

은행이 내게 준 시간은 겨우 3주였다. 한 달 치 이자도 버거운데, 당장 이억 원을 만들어내라니 감당이 안 되는 상황이었다. 어떻게든 정신을 부여잡고 있는데, 새어나간 걱정이 목소리를 물들인 모양이었다. 일주일에 한 번씩 통화를 하며 내게 코칭을 받던 기업가가 물었다.

"무슨 고민 있으세요? 목소리가 영 깔깔하네요."

두서없이 그동안 있었던 일을 털어놓자, 전화가 뚝 하고 끊겼다. 오 분 뒤, 다시 연락이 왔다.

"통장 한번 확인해 보세요."

칠천만 원이 들어와 있었다. 이게 무슨 돈이냐고 묻자 그 기업가가 대답했다.

"그동안 신태순 대표님 말씀을 듣고 열심히 회사를 운영해서 제법 이익이 났습니다. 우선 급한 불부터 끄세요. 돈은 여유 되실 때 천천히 갚으셔도 됩니다."

그날 전화를 끊고 철든 뒤 처음으로 엉엉 울었다. 왜 그렇게 눈물이 났는지 잘 모르겠다. 아마도 후회와 고마움이 씨실과 날실처럼 촘촘하게 엮였던 것 같다. 나머지 일억 삼천만 원도 곧 마련되었다. 연락을 받고, 나는 말을 더듬거렸다.

"제가…, 그만큼의 가치가 있는 사람은 아닐 텐데요…."

그랬더니 그분이 너털웃음을 터트렸다.

"충분히 있습니다. 그동안 함께했던 시간이 그걸 증명하지요. 아무 염려 마시고 일 처리부터 하세요."

나중에 이 이야기를 오랫동안 코칭을 받았던 다른 사업가한테 했다가 엄청 혼이 났다.

"신 코치님, 정말 너무하세요. 저한테 제일 먼저 말씀을 하셨어야죠. 저도 도울 수 있었다고요."

난 대체 그동안 어떤 삶을 살았던 걸까. 이렇게 바보 같은 일을 벌인 뒤에도 날 비난하지 않고, 있는 그대로 받아들여 준 이 사람들이 어떻게 내 주위에 존재하는 걸까. 그때 생각했다. 자신을 좀 더 믿어볼걸 하고 말이다.

그 상가 두 채는 아직도 나를 괴롭히고 있다. 대출 이자와 원금의 일부를 갚아야 할 날이 다가오면 정신을 바짝 차린다. 오고가는 큰돈을 우습게 보고 내가 저질렀던 실수는 분명 평생의 부끄러움으로 남을 것이다.

나에게 큰 손해를 끼치고 자신의 이익만 챙겼던 친구와는 완전히 인연을 끊었다. 내게 선뜻 손을 내밀었던 두 사람의 진심은 시간이 갈수록 크게 느껴진다. 아마 그럴 일은 없겠지만, 앞으로 다른 실수를 해도 나를 걱정해준 사람들은 여전히 곁에 남아줄 것이다. 자다가도 이불을 찰 큰일을 저질렀지만, 그런 이들을 발견했다는 것만으로 아주 조금은 덜 부끄러워지는 기분이다.

마냥 착한 아들로 살지 말 걸 그랬다

유달리 유순했던 아버지는 술이 들어가면 성품이 변했다. 쉽게 화를 내고 목소리가 높아졌다. 한 두 마디 다툼으로 끝날 때도 있지만, 늦게까지 큰소리가 오가는 날도 흔했다. 그런 날이면 나는 으레 책상 앞에 앉았다. 꼼짝도 하지 않고 숙제를 하다 보면 삼십분 정도는 쉽게 지나갔다. 그런데도 문밖이 시끄러우면 교과서를 펼쳐 들고 낮에 배운 내용을 복습했다. 두세 과목으로 끝나면 다행이지만, 어떨 때는 예습을 마치고 문제집을 다 풀어도 고함소리가 잦아들질 않았다. 그럴 땐 하는 수 없이 책장에서 책 한 권을 꺼내 들었다.

그렇게 정신없는 와중에서도 내가 공부에 열중한 건 다른 이유가 아니었다. 아버지와 심하게 다툰 날이면 어머니는 지친 얼굴로 내 방 앞에 섰다. 그러고는 살며시 방문을 열고 애써 미소를 지어 보였다.

"여태까지 공부하는구나."

어머니의 눈가에는 희미한 물 자국이 번져 있었다. 감추려고 했지만 표가 났다. 나는 마음이 아팠다. 술을 마시는 아버지가 미웠고, 속절없이 우는 어머니가 가여웠다. 그때 어린 내가 할 수 있는 유일한 일이 공부였다. 일찌감치 알고 있었다. 내가 책상 앞에 앉으면 어머니의 얼굴에 생기가 돈다는 걸 말이다.

지금도 그리 번화하진 않지만, 그때 기장은 바다와 가까운 전형적인 시골 마을이었다. 그런 곳에서 어머니는 미역을 다듬고, 밭을 일구고, 푸성귀를 내다 팔았다. 아버지의 월급이 꼬박꼬박 들어왔지만, 어머니는 하루도 쉬는 법이 없었다.

나도 처음부터 착실했던 건 아니다. 어린 시절에 나는 꽤나 장난이 심했다. 책상 앞에 앉으면 다음 날 친구들을 어떻게 골탕 먹일까 그것부터 고민했다. 그렇게 철없던 나한테도 아버지가 깨트리는 그릇 소리는 상처였다. 속이 상해 바락바락 대들던 어머니는 아버지의 목소리가 높아지면 조가비처럼 입을 다물었다. 그러면 아버지는 제풀에 지쳐 잠이 들곤 했다. 하루는 어머니가 우리 형제를 끌어안고 중얼거렸다.

"너희들 때문에 산다…."

우리한테 하는 이야기 같기도 했고, 되새기다 빛이 바랜 혼잣말 같기도 했다. 아버지를 말릴 수도, 어머니를 구할 수도 없었던 나는 그때부터 차분하게 지내는 시간이 길어졌다.

"우리 태순이가 책을 참 좋아하는구나."

마루에 엎드려서 책에 코를 박고 있으면, 그 모습을 바라보는 어머니의 눈빛이 애틋했다. 이렇게라도 붙들지 않으면 어머니가 우리 곁을 떠날까 봐 겁이 났다. 어쨌거나 그 무렵부터 기특한 큰아들은 내 역할이 되었다.

고시공부를 때려치운 뒤, 나는 일없이 학교를 돌아다녔다. 곳곳에 걸려 있던 현수막이 지나가는 사람들의 눈길을 붙잡았다. 막 늦가을로 접어든 때라, 신입사원 모집이 한창이었다. 그때만 해도 대기업에서 학교로 찾아와 회사 소개에 열을 올리곤 했다. 제법 큰 강의실이 있는 건물마다 매일같이 설명회가 열렸다. 인사 담당자가 전반적인 내용을 설명하면, 모여 있던 학생들이 궁금한 것을 물었다. 때론 그 회사에 다니는 졸업생들이 자세한 설명에 나서는 경우도 있었다. 어떤 곳에서는 좋은 종이로 만든 두툼한 팸플릿과 그럴듯한 선물을 함께 나눠 주기도 했다.

마침 가까운 건물에서 행사가 한창이었다. 문을 열고 들어가 보니, 큰 보험 회사에서 대졸 영업 사원을 모집하고 있었다. 당시만 해도 보험은 주부 사원들의 독무대였다. 외국계 보험 회사인 푸르덴셜이 대학을 졸업한 남자 사원을 뽑으면서, 다른 회사도 들썩이기 시작했다. 하지만 학생들 대부분은 그쪽에 아예 관심이 없었다. 그런 분위기를 알아챘는지 행사는 영 밋밋했다. 학생들 앞에 선 채용 담당자는 별다른 의욕이 없어 보였고, 보험 시장 규모와 앞으로의 전망을 소개할 때도 걸핏하면 말이 끊겼다. 궁금한 게 없냐는 상투적인 질문에는 누구 하나 손을 들지 않았다. 설명회가 어영부영 마무리되고, 띄엄띄엄 앉아 있던 학생들이 하나 둘 자리를 떴다. 앞쪽에 놓인 긴 탁자에 입사 원서가 한가득 쌓여 있었지만, 관심을 두는 사람은 없었다. 그 모습을 말없이 지켜보던 나는 불쑥 앞으로 나갔다.

"한 장 주세요."

내 얼굴을 제대로 쳐다보지도 않고 담당자가 봉투를 내밀었다. 그러고는 남은 원서를 쇼핑백에 챙겨 넣기 시작했다. 휘적휘적 걸어서 자취방으로 돌아왔다. 다음 날, 책상 위에 던져둔 종이봉투를 열어 안쪽에 들어 있던 입사 원서를 꺼냈다. 한 줄 한 줄 무심하게 읽어 보는데, 머릿속에서 익숙한 목소리가 울려왔다.

"여기 앉아 있는 게 네 생각 맞아? 정말 하고 싶은 게 이거야?"

오랜만에 들어보는 목소리였다. 그제야 깨달았다. 날 그렇게 괴롭히던 목소리는 진짜 내 속마음을 묻고 있었다. 그동안 괜찮았냐고, 앞으로는 어떻게 살고 싶냐고 말이다.

어린 시절에 마음을 먹은 뒤 한 번도 다른 길로 샌 적이 없었다. 하지만 착한 아들로 산다는 건 꽤나 험난한 여정이었다. 답답해도, 속상해도, 웬만하면 숨기고 삼켜야 했다. 내 멋대로 시작했지만 그만둘 수도 없었다. 실망하는 어머니를 보느니 차라리 내가 괴로운 게 나았다. 무한도전이라는 프로그램에서 박명수가 이런 말을 한 적이 있다.

"유재석처럼 사는 거? 어휴, 난 못해. 온종일 모범적으로 지내는 게 얼마나 숨 막히는데. 난 그래도 악동 이미지가 있으니까 괜찮아. 뭘 하든 사람들이 그러려니 하고 넘어가잖아. 하지만 전 국민이 칭찬하는 착한 유재석은 자유가 없잖아. 그러니까 난 내가 좋아."

책상 위에 놓여있던 볼펜을 들고 입사 원서에 이름을 써넣었다.

모든 삶은 실수로 시작된다

한 달 뒤, 고향에 소식을 전했다. 보험회사에 들어갔다는 말에 어머니는 믿지 못하는 눈치였다. 잠깐 그러다가 말 거라고 여기는 듯했다. 흔들리는 어머니의 목소리를 대하며, 이런 게 업보라는 생각이 들었다. 말 잘 듣는 아들로 지냈던 기간이 너무 길었다. 어머니한테도 적응할 시간이 필요했다.

그날 밤에 소주 한 병을 사들고 돌아왔다. 마음이 싱숭생숭했다. 홀가분할 거라고 생각했지만, 딱히 그렇지도 않았다. 착한 아들 신태순을 떠나보내며 마지막 잔을 기울였다. 그러면서 생각했다. 진즉 이런 결심을 했다면 삶이 좀 더 편안했을까. 문득 그날이 떠올랐다.

"너희들 때문에 산다…."

그 이야기를 처음 들었던 날로 돌아간대도, 어린 나는 똑같은 선택을 했을 것 같다. 형광등 불빛 아래 책 한 권을 펼쳐 놓고 억지로 잠을 쫓던 내가 보였다. 젠장, 가슴이 아려왔다. 괜찮았단 말은 하지 않기로 했다. 그동안 참 힘들었다. 그걸 내가 알아주지 않으면 대체 누가 이해해줄까. 취한 채 눈을 감으며 중얼거렸다.

"애썼다…, 태순아."

그날은 제법 깊은 잠을 잤다.

삶이 아름답다는 걸 빨리 알아챌걸 그랬다

물 만난 고기 같았다. 생각이 그대로 문서가 되고, 고민이 고스란히 깊이로 드러났다. 내가 헤엄칠 수 있는 물이 바로 거기에 있었다. 무자본 창업은 그렇게 내 삶에 풍덩하고 들어와 전부가 되었다.

내가 최규철 대표님을 만난 건 강의 자리에서였다. 그때 나는 서른을 갓 넘긴 생명보험회사 신입사원으로, 뭔가 새로운 돌파구를 찾아 헤매던 중이었다. 그런 나를 잡아끈 건 각종 강의였다. 일단 가 보면 뭔가 배울 게 있겠지 싶어서, 보험 영업으로 벌어들인 돈을 이 강의, 저 강의에 쏟아 부었다.

그날도 오만 원을 내고 괴짜 느낌이 팍팍 풍기는 강사의 이야기를 들으러 갔다. 그 강사는 강의 시간 내내 돈 한 푼 들이지 않고 시작할 수 있다는 사업에 대해 열변을 토했다. 나는 반쯤은 믿고, 반쯤은 믿지 않는 마음으로 그 자리에 있었다. 그런데 한창 이야기에 열중하던 강사가 문득 이런 말을 했다.

"무자본 창업에 관심 있는 사람은 이따가 커피 한 잔 사세요. 잠시 시간을 내어 줄 테니."

그 말에 귀가 솔깃했다. 남들 앞에서 강의를 할 정도면 나한테는 이미 유명인과 다름없었다. 강의가 끝나기 무섭게 건물 1층으로 뛰어 내려갔다. 현금지급기에서 이십만 원을 뽑아들고 다시 위층으로 달려갔다. 어수선한 강의실에서 짐을 챙기고 있던 강사에게 불쑥 봉투를 내밀었다.

"강사님의 시간, 이만큼 사겠습니다!"

뚱한 표정으로 쳐다보던 강사가 갑자기 너털웃음을 터트렸다.

"강의를 할 때마다 한 번씩 말은 했지만, 이렇게 찾아온 건 처음이네요."

그렇게 우리는 인연을 맺었다. 그날 이후로 최규철 대표님은 강의를 열 때마다 나를 불렀다. 알아듣던 알아듣지 못하던 계속 자리를 지켰다. 강의가 끝나면 근처 카페에서 차를 마셨다. 이것저것 말을 시켜보던 최 대표님이 말했다.

"기대를 했던 만큼 실망도 크네요. 아무래도 무자본 창업이랑은 안 맞는 것 같아요. 그냥 딴 걸 하는 게 어떨까요?"

그런 나한테도 유일한 특기가 있었다. 바로 버티는 거였다. 나는 그 말에 아랑곳하지 않고 계속 최 대표님을 따라다녔다. 이야기를 나누는 시간이 길어지니 최 대표님의 특징이 보였다. 아이디어는 엄청난데 그게 바닥에 굴러다녔다. 최 대표님은 자리에 앉았다 일어나기만 해도 무자본 창업 아이디어가 튀어나왔다. 문득 아깝다는 생각이 들었다. 그러다 하루는 숙제를 받았다. 다음번에 만날 때까지 기획안 하나를 써오라고 했다. 고민하던 나는 열 장짜리 문서를 만들었다. 굴러다니던 아이디어 가운데 하나를 골라 그 생각의 가치, 실현 가능한 근거, 그걸로 당장 시작할 수 있는 창업 아이템을 한눈에 보이도록 정리를 했다. 워낙 칭찬에 인색한 분이라 별 기대는 없었다. 기획안을 다 읽은 뒤 최규철 대표님이 자못 심각한 표정으로 말했다.

"여태껏 몰랐는데, 아무래도 이 방면엔 천재인 것 같네요."

기쁨도 잠시, 드디어 때가 되었다는 말과 함께 최 대표님의 이야기가 이어졌다.

"자, 이제 시작해 봅시다. 이런 기획서를 제공하는 회사를 만들 겁니다. 한 명이라도 좋아요. 백만 원을 낼 회원을 찾아오세요."

환장할 노릇이었다. 기획서는 달랑 한 개, 회사는 아직 생기지도 않은 상태였다. 힘을 보태준다며, 최 대표님은 무자본 창업 강의를 나한테 떠맡겼다. 자리가 사람을 만든다는 게 그분의 평소 생각이었다. 그동안 수십 번 수강했던 터라, 강단에 서는 건 힘들지 않았다. 하지만 첫 회원 모집은 요원했다. 매번 말은 꺼내 봤지만, 돌아오는 대답은 한결같았다.

"회원이 되면 무자본 창업 아이디어를 보내준다고요? 그것 참 흥미롭네요, 하하."

그러고는 그만이었다. 그렇게 석 달이 지난 어느 날이었다. 강의를 마치고 짐을 챙기는데, 한 사람이 내게 다가왔다.

"지금도 모집 중이신가 보네요."

강의 말미에 했던 이야기를 듣고, 삼 개월 전의 내 말이 기억났다고 했다.

"여태껏 같은 말씀을 하고 계실 줄 몰랐어요. 문득 궁금해지네요. 이렇게 꾸준한 분이 앞으로 어떤 일을 해내실지. 그 회원, 되어볼게요. 혹시 제가 첫 번째인 건가요?"

멍해진 내 앞에서 그 사람이 결제 방법을 물었다. 다음 날 계좌에 진짜로 백만 원이 들어왔다. 그 소식을 들은 최 대표님이 말했다.

"드디어 해냈군요. 이제 회사를 만들 차례입니다. 대표는 신태순님이 맡도록 해요."

그렇게 버터플라이 인베스트먼트가 탄생했다. 그 후 나는 한 주도 빠짐없이 기획서를 써서 첫 번째 회원에게 전달했다. 그렇게 삼 년이 흘렀을 때, 회원은 천 명이 되어 있었다. 모두 백만 원씩 내고 가입한 유료 회원이었다. 나의 봄날이 시작되었다.

최 대표님과 나는 회원들을 일깨우기 위해 애썼다. 자주 강의를 하고, 창업에 관한 토론도 이끌었다. 능력을 깨닫는 사람이 하나 둘 늘었고, 기획서 내용으로 창업을 하는 회원도 생겼다.

우리는 회원들이 만든 회사의 지분 일부를 받는 계약을 체결했다. 그리고 전방위적인 지원을 해나갔다. 회사 이름을 정하고 로고를 만드는 일부터, 법인 설립, 첫 고객 유치, 홈페이지 제작, 세금 문제에 이르기까지 경영과 관련된 모든 일을 의논하며 성장을 도왔다. 창업자를 위한 상담이 이어졌고, 홍보에도 열을 올렸다. 방송에 나갈 때마다 회원들의 회사 이름이 어떻게든 언급되도록 애썼다.

희망적인 건 버터플라이 인베스트먼트의 많은 회원들이 새로운 회사의 고객이 되어 주었다는 사실이었다. 누군가 창업을 했다는 소식이 들려오면, 나머지 회원들이 앞 다투어 그곳으로 몰려갔다. 덕분에 손쉽게 규모가 커지고, 안정적인 수입을 올리는 곳이 늘어났다. 이러한 자체 생태계가 나는 너무 자랑스러웠다. 회원 숫자가 더 많아지면 충성 고객도 증가할 것이 눈에 보였다. 그리고 그 판단이 가장 큰 실수였다.

무자본 창업에서 가장 중요한 건 야생성이다. 아이디어 하나를 손에 들고 수없이 사람을 만나고, 그 가운데 첫 고객을 찾아내는 과정이 창업자의 정신을 강하게 만든다. 그런데 정작 우리 회원들이 그 과정을 생략한 채 창업하는 모습을 응원했던 것이다.

첫 고객도, 두 번째 고객도, 세 번째 고객도 내부에서 찾아냈던 회원들의 회사는 창업 초창기에 쏟아진 관심이 식어가면서 고객 확보에 어려움을 겪기 시작했다. 버터플라이 인베스트먼트의 전체 회원 숫자가 천 명에 이르긴 해도, 적극적인 사람은 그리 많지 않았다. 그 일부의 회원들이 계속 새로 생겨나는 회사의 고객이 되어 주고 있었던 것이다. 그 사실을 알아챘을 땐 이미 상황이 걷잡을 수 없이 나빠져 있었다. 다행히 몇몇 창업자들은 일찌감치 바깥으로 눈을 돌려 야생성을 유지했지만, 그렇지 못했던 회원사들은 우리를 원망하기 시작했다.

"잘 하고 있다고 말씀하셨잖아요. 이제 어떻게 해요?"

"왜 진즉 대책을 세워주지 않은 거예요?"

"회사 지분까지 가져가시고 이러면 안 되죠. 최규철 대표님이랑 신태순 대표님, 이쪽 분야의 전문가 아니셨어요?"

비난이 빗발쳤고, 나는 한 마디도 할 수 없었다. 나와 최 대표님은 책임을 통감하고 아무 조건 없이 지분을 돌려줬다. 홈페이지는 운영했지만, 강의나 회원 모임은 더 이상 열지 않기로 했다. 그리고 나는 집에 틀어박혔다.

사람을 만나는 일이 갑자기 두려워졌다. 통장에 찍힌 첫 회원비를 들여다보고 또 들여다보던 그날에서 오 년이 지난 뒤 벌어진 일이었다.

멍하니 지내다가 마지못해 잠이 들고, 아침에 아이를 어린이집에 데려다주고, 몇 시간 뒤에 다시 데리러 가고, 저녁에 씻긴 뒤 재우고, 늦은 밤 멍하니 허공을 바라보는 날들이 이어졌다. 아이와 보내는 시간이 한없이 행복해서 낮 동안은 근심을 잊다가도, 밤이 되면 눌러두었던 생각이 스멀스멀 머리를 타고 올라왔다. 그 동안의 세월이 아무 의미 없었다는 헛헛함이 가슴을 채웠다.

그렇게 시간은 흘렀고, 다시 바깥세상을 밟을 일이 없을 거라 여기던 내게 한 사람이 가끔씩 전화를 걸어왔다. 순간랩이란 교육 연구소를 운영하던 이성율 대표는 버터플라이 인베스트먼트의 회원이었다. 내가 한창 잘나가다가 창업한 회원들의 원망을 듣고, 결국 활동을 접는 것까지 곁에서 모두 지켜보았다. 그러고는 한동안 연락이 없었는데, 언젠가부터 텅 비어있던 핸드폰의 수신자 목록에 낯익은 이름이 한 번씩 찍혔다. 별다른 용건이 없는 건 알았지만, 오는 전화는 굳이 막지 않았다. 가끔은 집 근처로 찾아오기도 했다.

"지금 카페예요. 잠깐 내려오실래요?"

아이가 어린이집에 있을 시간이라 굳이 거절할 명분이 없었다. 휘적휘적 걸어 나가면 사람 좋은 미소를 가득 머금은 채 이성율 대표가 손을 흔들고 있었다. 그렇게 나는 한걸음씩 바깥으로 나왔다. 내성적인 성격에 쾌활한 척 무리했던 나와는 달리, 그는 적극성의 화신이었다. 나중에 이 대표가 고백했다.

실수 4 삶이 아름답다는 걸 빨리 알아챌걸 그랬다

"그때 어떻게든 밖으로 꾀어내서 신 대표님을 우리 연구소로 끌어들일 생각이었어요, 하하."

그 생각을 어찌 몰랐겠는가. 가끔 만나서 이야기를 나누는 건 상관없지만, 사람들 앞에 나설 자신은 없다고 말했다. 하지만 쇠귀에 경 읽기였다. 하루는 다짜고짜 순간랩에 와 달라고 연락이 왔다. 내 이름으로 강의 공지를 올렸다며, 몇 명이 신청을 했다고 했다. 돈까지 다 받아놓은 상태라 내가 안 나타나면 자기가 사기꾼이 될 위기라고 엄살을 떨었다. 별다른 선택지가 없었다. 강의를 마치고 나가는 나를 그가 붙들었다.

"신 대표님, 남아도는 작은 방이 있어요. 시간 날 때 와서 그냥 앉아만 계세요. 책 한 권 읽으셔도 좋고요."

그러고는 내가 그곳에 갈 수밖에 없는 일을 자꾸만 벌였다. 소규모 강의, 짧은 토론, 잠깐의 상담…. 그렇게 난 그곳에 스며들었고, 정신을 차려보니 몇 명의 사람들 앞에서 이야기를 하고 있었다.

요즘 내겐 안 보면 궁금해지는 사람들이 생겼다. 그래서 하는 수 없이 순간랩에 가끔씩 얼굴을 비춘다. 참, 얼마 전에 순간랩이 이사를 했다. 사무실이 좀 더 넓고 쾌적해졌다. 함께 힘을 모아 이룬 결과였다. 그 안에 내 역할이 조금은 있다는 게 살며시 흐뭇해졌다.

이제 곧 벚꽃이 필 계절이다. 그래도 아직은 아침저녁으로 쌀쌀하다. 조만간 양손 가득 따스한 커피를 사 들고 순간랩 식구들을 만나러 가 봐야겠다.

좀 더 천천히 걸을걸 그랬다

책 세 권 값으로 45만원을 내고 일 년을 기다려 본 적이 있다.

나는 독특한 지식에 관심이 많다. 초능력, 외계 생명체, 최면술 같은 것이 모두 내 사정권 안이다. 그런 걸 배우러 다니기도 하고, 블로그나 홈페이지도 여러 군데 기웃거렸다. 한번은 생활 속에서 대화를 통해 다른 사람의 마음을 움직인다는 최면 기법을 가르치는 카페를 인터넷에서 발견했다. 흥미가 동했던 나는 회원 가입을 하고 이 글 저 글 클릭하며 내용을 읽어 보았다. 생각보다 재미있었다. 한 편으론 말이 안 되는 것 같다가도, 다른 한 편으론 제법 일리가 있었다. 틈날 때마다 카페에 들러서 새로운 글을 읽곤 했는데, 어느 날 공지 하나가 올라왔다.

"생활 속 최면술의 진수를 담은 책 세 권이 두 달 뒤에 출판됩니다. 한정판으로 진행되오니 관심 있으신 회원 분들께서는 아래 계좌로 예약을 해주시기 바랍니다. 책값은 한 권당 15만원입니다."

한정판이라는 말에 얼른 45만원을 입금했다. 그 정도 가격이면 카페에는 올려놓지 않은 대단한 비법이 들어 있을 것 같았다. 두 달이 흘렀을 때 새로운 공지가 올라왔다.

"책에 관심을 가져 주신 여러분께 진심으로 감사드립니다. 집필이 조금 늦어지고 있습니다. 하지만 내용은 기가 막힌 것으로 채워지고 있으니, 두 달만 더 기다려 주세요. 감사합니다."

하지만 책이 나올 기미는 보이지 않았다. 영감이 덜 채워졌다, 그럼에도 계속 집필중이다, 믿고 기다려 달라, 이런 이야기들이 게시판에 간간이 올라올 뿐이었다. 그쯤 되니 열성 회원들도 짜증을 내기 시작했다. 환불 요구가 빗발쳤지만, 나는 그냥 기다려 보기로 했다. 딱히 믿음이 남았던 건 아니었다. 상황이 어떻게 일단락되는지 지켜보고 싶다는 마음이 컸다.

그 뒤로 바빠져서 카페에 접속하지 않은 지도 한참이 되었다. 그렇게 일 년이 흐른 어느 날이었다. 제법 커다란 종이 상자가 집에 도착했다. 겉에 내 이름과 주소가 쓰여 있었다. 뜯어보니, 뽁뽁이 비닐로 여러 겹 싸인 책 세 권이 들어 있었다. 처음엔 이게 뭔지 어리둥절했다. 기억을 더듬다가, 문득 그 카페가 떠올랐다. 순간 깜짝 놀랐다. 보나마나 또 속았다고 여기고 있었기 때문이었다. 펼쳐 보니, 분명 한국말은 맞는데 뭐라고 하는지 알기가 힘들었다. 뜻 모를 기호들이 연속해서 들어 있기도 했다. 어쨌거나 속은 줄 알았다가 실제로 물건을 받은 흔치 않은 경우였다. 그 책들은 지금도 거실 책장 한 구석에 꽂혀 있다.

그때는 일 년 만에 상자라도 받았지만, 호기심 때문에 엉뚱한 일도 여럿 겪었다. 대학에 들어간 지 얼마 되지 않았을 때, 흰머리가 제법 있는 중년의 아저씨가 내게 말을 걸어왔다.

"신입생이죠? 이제야 강의가 끝났나 보네요."
"네, 맞아요."

인상 좋은 아저씨가 학교 안에서 그렇게 물어오니 별 저항감이 없었다. 정신을 차리고 보니 근처의 벤치에 그 아저씨와 나란히 앉아 있었다. 한눈에 보아도 태평양을 건너온 게 틀림없는 시사 주간지 한 권을 서류가방에서 꺼내 들며 아저씨가 말했다.

"이제 영어는 거스를 수 없는 대세지요. 학생이 무슨 전공을 하든 영어를 빼놓고는 논하기가 힘들어요."

나도 모르게 고개를 끄덕였다. 그 아저씨가 차분하게 말을 이어 갔다.

"똑같이 언어를 배워도 어떤 말을 쓰느냐에 따라 수준은 천지차 이예요. 생활영어 정도로는 다른 사람과 격차를 벌일 수 없어요. 미국 현지에서 정치 경제적으로 쓰이는 단어를 실시간으로 알 수 있는 통로가 필요해요. 그게 바로 이 주간지를 정기적으로 읽어야 하는 이유예요."

이쯤 되니 내가 오히려 마음이 급해졌다. 고급 영어 세상과 뒤떨 어진 내게 해결책이 열린 것 같았다. 잠시 뜸을 들이던 아저씨가 다 시 입을 열었다.

"학생도 알다시피, 저는 정식으로 학교의 허락을 받았어요. 벌써 십 년 넘게 이 학교 학생들에게 미국 시사 주간지를 제공하고 있지 요. 사실 이런 도서는 아무한테나 구독하면 안돼요. 몇 년 지난 주 간지를 학습용이라며 내미는 업체도 있거든요. 날 만나다니, 학생 은 운이 좋은 거예요."

한 권만 사면 비싼데, 일 년치를 구독하면 가격 혜택이 크다며 아저씨는 물 흐르듯 설명을 했다. 감사하게도 원할 때마다 원어민 강사를 만날 수 있는 학원 티켓까지 사은품으로 준다고 했다. 이번 달까지 구독을 하는 사람만 받을 수 있는 기회였다. 나는 망설임 없이 주소를 적었다. 가지고 있던 돈을 털어서 첫 달 구독료를 지불했다. 계약금 명목이라고 했다.

정말 좋은 선택이라고 칭찬하며 아저씨는 나를 배웅했다. 나는 잔뜩 기분이 좋아졌다. 내 손에 들린 영문 주간지가 반짝반짝 빛을 내고 있는 것 같았다. 며칠 뒤, 나머지 구독료도 전부 입금했다. 이제 영어는 걱정이 없었다.

주간지는 매주 꼬박꼬박 도착했다. 문제는 그 책들이 포장도 뜯지 않은 채 쌓여간다는 것이었다. 육 개월쯤 흘렀을 때 힘겹게 명함을 찾아내어 전화를 걸었다. 지금까지 받아본 건 어쩔 수 없지만, 나머지는 환불받고 싶다고 요청을 했다. 하지만 아저씨는 딱 잘라 거절했다. 그러면서 학원은 가봤느냐며 나를 다독였다. 원어민 강사와 수준 높은 대화를 나누다 보면 영어 주간지가 저절로 필요해질 거라는 설명이었다. 그 말에 솔깃해진 나는 환불 요구를 접고 시간을 내어 학원에 찾아갔다. 서울 지역 어디에서나 손쉽게 갈 수 있다던 그 학원은 버스를 세 번이나 갈아타야 도착하는 곳에 있었다. 원할 땐 언제든 갈 수 있다지만, 왕복에만 반나절이 꼬박 걸렸다. 그렇게 일 년 동안 우편함에 꽂히는 영어 주간지를 꼬박꼬박 받아

모든 삶은 실수로 시작된다

볼 수밖에 없었다.

친절한 말솜씨에 넘어가 구독료를 한꺼번에 낸 사람이 나 혼자가 아니라는 사실을 시간이 한참 흐른 뒤에 알았다. 나보다 열 살 많은 선배도 일학년 때 그 일을 당했다고 했다. 알고 보니, 어수룩한 신입생을 골라 구독료를 챙기는 상습적인 수법이었다. 서울 변두리의 어학원은 그냥 미끼였다.

사람한테 잘 속는 성격은 사회에 나가서도 달라지지 않았다. 돈 많이 버는 강사들이 부러웠던 나는 강사 협회라는 곳에 큰돈을 내고 강의 기술이 담긴 교재를 받았다. 그런데 막상 읽어보니 내용이 영 허접했다. 군대도 다녀오고 직장생활도 해 본 마당에 이대로 두고 볼 수는 없겠다 싶어서 교재에 적힌 번호로 당장 전화를 했다. 예나 지금이나 돈을 받을 땐 그렇게 재빠르던 곳이 불편 사항을 접수할 땐 왜 그리 더딘지, 몇 번의 시도 끝에 간신히 통화가 되었다. 불만을 접수하던 상담사가 대뜸 물었다.

"회원님, 강의를 직접 해 보시겠습니까? 그러면 교재에 담긴 내용을 한층 깊게 이해하실 수 있을 겁니다."

허접한 교재에 관한 항의는 어느새 잊고, 상담사가 알려준 건물로 얼른 찾아갔다. 용건을 말하니, 강사 등록을 하면 된다고 했다.

등록비가 제법 비쌌다. 경험이 없는 강사한테 기회를 주는데 이 정도는 싼 거라는 접수 직원의 말에 금방 납득이 되었다. 강의 주제는 무엇으로 하실 거냐는 물음에 잠시 고민하다가 재테크 분야를 골랐다. 보험 회사 직원이니 제법 어울리겠단 생각이 들었다.

수십만 원의 등록료가 효과가 있었는지, 얼마 뒤 정말로 강의 요청이 왔다. 나는 열심히 준비해서 강단에 섰다. 아직 교육을 받는 중이니 강의를 하고 받는 돈은 당연히 협회 몫이라는 설명에도 별다른 의심을 품지 않았다. 햇병아리 강사가 기회를 얻는 것만으로 감지덕지라는 생각이 들었다. 그렇게 나는 또 누군가의 호구가 되었다.

내가 잘 속는 이유는 아마도 마음이 급해서일 것이다. 인상 좋은 아저씨에게 꼬드김을 당했던 그날도 나는 땅을 쳐다보며 급하게 걷고 있었다. 45만 원을 책값으로 입금했을 때도, 강사 등록비를 듬뿍 냈을 때도 마찬가지다. 이 책만 사면 최신 최면 기법이 들어올 것 같았고, 일단 강사만 되면 돈과 명예가 금세 굴러올 것 같았다. 누군가를 속이려고 마음먹은 이에겐 급하게 구는 사람이 무조건 봉이다. 욕심을 살짝만 건드려도 금세 넘어오니 말이다.

그날 내가 조금만 천천히 걸었더라면, 그 아저씨는 나를 지나쳤을지 모른다. 어수룩한 신입생에게 여유로운 표정은 어울리지 않는 법이니까. 그런 사실을 깨달았다고 해서 내가 그리 단단해진 건 아니다. 난 아직도 누군가의 표적이 되곤 한다. 그렇게 속은 날이면, 문득 떠올린다.

'아, 오늘도 내가 급하게 걸음을 옮겼나 보구나.'

언제쯤이면 여유롭게 걸을 수 있을지, 나도 참 궁금하다.

주눅 들지 말 걸 그랬다

급히 계단을 내려가던 그날의 기억이 아직도 생생하다. 막 모퉁이를 돌아갈 때 위층 복도에서 들려오던 웅성거림, 날카로운 다툼 소리, 그 사이에 섞여 들려오던 내 이름까지. 겁에 질려 일층까지 내달아 바깥으로 통하는 문이 보였을 때, 그대로 운동장 구석까지 뛰어가서 수업종이 칠 때까지 숨어 있었다. 도대체 왜 이런 일이 벌어졌는지 알 수가 없었다.

그 일의 시작은 쉬는 시간에 우리 반을 찾아온 아래 학년 여학생들이었다. 여느 때와 다름없이 앉아 있는데, 갑자기 누군가가 내 이름을 불렀다.

"야, 신태순, 누가 너 찾아왔어."

고개를 돌리니, 한 번도 본 적 없는 여자애들 둘이 반쯤 열린 뒷문 바깥에서 안쪽을 훔쳐보고 있었다.

"나? 왜?"

나는 영문도 모른 채 그 쪽으로 다가갔다. 갑자기 그 아이들이 두 손을 입 앞에 모으며 속닥거렸다.

"어머, 어머."
"진짜 신태순이다."

그러더니 뒤돌아서 쌩 하고 달아나버렸다. 어안이 벙벙해진 나는 그 자리에 서서 멀어지는 두 사람의 뒷모습을 쳐다봤다.

이상한 일은 이튿날에도 일어났다. 3교시 쉬는 시간이 끝나갈 무렵, 교실 밖 복도에 대여섯 명의 여자아이들이 몰려서서 우리 반을 들여다보고 있었다. 그쪽을 보자, 나와 눈이 마주친 아이가 얼굴을 붉히며 뒤를 돌아 뛰어갔다. 함께 있던 아이들도 그 뒤를 우르르 쫓아갔다.

사건은 며칠 뒤 벌어졌다. 일찌감치 도시락을 먹어치우고 교실

뒤편에서 친구들과 어울려 있는데 갑자기 우리 반 여자아이 하나가 신경질을 내며 내게 말했다.

"야, 신태순, 너 때문에 일어난 일이면 책임을 져야할 것 아니야. 대체 어떻게 할 거야?"

"어? 뭘…?"

내가 어벙한 표정으로 바라보자, 그 애가 기가 막힌다는 듯 말했다.

"저걸 보고도 그런 말을 해? 너 진짜 무책임하다. 너 때문에 뒷문이 꽉 막혀서 우리가 복도에 나가기도 힘들잖아. 그런데 모른 척이야? 와, 너도 참 대단하다, 대단해."

난 억울해서 눈만 끔뻑거렸다. 뭔지 이유를 알아야 혼이 나도 그나마 마음이 편할 텐데, 그 아이가 하는 말을 하나도 알아들을 수가 없었다. 화를 내며 가리키는 곳을 쳐다보니, 교실 뒷문 쪽 복도에 여자아이들이 한가득 모여 있었다. 자세히 보니, 어제 나와 눈이 마주친 아이도 거기 함께 있었다. 나는 용기를 그러모아 기어들어가는 목소리로 물었다.

"쟤네들이 여긴 왜…."

내 말이 채 끝나기도 전에, 그 애의 성난 목소리가 나한테 쏟아졌다.

"몰라? 정말 모른다고? 저 애들, 다 너 보러 왔다잖아. 인기 좀 있으면 다야? 어쩜 그렇게 아무것도 모른 척하니? 신태순, 너 진짜 나쁘다."

그러고는 우리 반 여자아이들을 이끌고 복도에 나가서 서 있던 아이들과 한바탕 대거리를 하기 시작했다.

"야, 너희들, 우리 반 뒷문 막고 뭐 하는 거야? 빨리 안 가?"
"언니가 뭔데 우리 보고 오라 가라예요? 우린 그냥 신태순 오빠 보러 온 거라고요."
"와, 애네들 말하는 것 좀 봐라. 그러니까, 신태순 못 보면 안 비키겠다? 걔가 너희들 안 본다잖아. 그냥 가라고."
"오빠가 언제 그런 말 했어요? 그냥 언니 생각이잖아요."
"그래서 기어이 만나야겠다고? 어휴 열받아. 내가 왜 이런 이야기를 하고 있지? 야, 신태순, 당장 나와 봐. 애네들이 너 만날 때까지 안 간대!"
"저희가 언제 그랬어요. 그냥 여기서 봐도 상관없다고요."
"우린 그게 불편하다고. 여기 몰려있는 게! 신태순, 빨리 나와 보라니까!"

실수 6 주눅 들지 말 걸 그랬다

머릿속이 윙윙 울리고, 등이 땀으로 축축하게 젖는 게 느껴졌다. 내 이름이 불렸을 때, 난 그대로 앞문으로 뛰어나가 아래층을 향해 내달렸다. 중간에 한번 휘청거려서 하마터면 계단 아래로 구를 뻔했지만, 아무 상관이 없었다. 그저 저 소동의 원인이 나라는 것을, 한데 모여 다투는 아이들의 입에서 내 이름이 들려온다는 사실을 부정하고 싶었다. 운동장 한구석에 다다랐을 무렵에야 내가 숨을 쉬지 않고 있었다는 걸 알았다. 가쁜 호흡을 몰아쉬면서, 우리 교실 쪽 창문을 멍하니 바라보았다. 초등학교 6학년 무렵의 일이었다.

영문 모를 일은 중학교에 가서도 있었다. 2학년이 되고 나서 얼마 지나지 않은 새 학기의 어느 날이었다. 수업이 끝난 뒤 가방을 챙겨서 집으로 가려는데, 3학년 배지를 단 한 무리의 누나들이 나를 막아섰다. 한눈에 보아도 평범한 학생들과는 분위기가 달랐다. 그 무서운 누나들 중 하나가 들고 있던 뭔가를 불쑥 내밀었다. 옅은 분홍색 봉투였다. 입구가 단단하게 풀로 봉해져 있었다.

"야, 네가 신태순이지. 이거 받아."

말을 듣는 게 좋을 것 같아서 얼른 그 봉투를 받았다. 그 누나가 만족한 듯 싱긋 웃어보였다.

모든 삶은 실수로 시작된다

"이거, 우리 반 아이가 너한테 보내는 거야. 걔가 너 좋아한대. 그러니까 이거 읽고 내일까지 답장 줘."

"네…?"

당황스러움과 두려움이 뒤섞인 눈으로 그 누나를 바라보자, 자못 당당한 대답이 돌아왔다.

"걔가 너무 부끄럽대서 우리가 대신 온 거야. 신태순을 가까이에서 보고 싶어서 말이야."

겁에 질린 나는 연분홍색 봉투를 그대로 가방에 집어넣었다. 그러고는 나를 쳐다보는 눈길을 느끼면서 뻣뻣하게 걸음을 옮겼다. 다음 날부터 왜 답장을 주지 않느냐는 독촉에 한 달 넘게 시달려야 했다.

내가 살았던 곳은 작은 마을이라 한번 굳어진 평판이 오래 가는 편이었다. 지금 돌이켜보면 애초에 그런 일이 일어난 건 내 별난 행동 탓이 컸다. 나는 어릴 때부터 다른 사람한테 후한 편이었다. 시작이 뭐였는지는 잘 기억이 나질 않는다. 어쨌거나 내가 손해를 보더라도 상대가 이익을 보는 게 편했다. 그러다 보니 남들 보기에 유난스러운 행동을 불쑥 하곤 했다. 복도를 걷다가 무거운 물건을 들고 가는 사람이 보이면 말없이 손을 내밀었다. 그 사람이 남자인지 여자인지는 상관이 없었다.

중학교 1학년 때였다. 여름방학이 끝나고 학교에 갔는데, 같은 반 여자아이가 울먹이며 말하는 게 들렸다.

"어쩌지. 방학숙제를 하나도 못했어."

제법 공부를 잘 하는 아이였는데, 아무래도 방학 동안 학원에 다니느라 학교에서 내 준 숙제를 제대로 하지 못한 것 같았다. 나는 잠깐 생각하다가 가방에서 공책 두 권을 꺼내서 그 아이에게 불쑥 내밀었다.

"받아. 나는 잠깐 야단맞으면 돼."

그 아이는 워낙 겁이 많았다. 방학숙제를 하지 않은 게 들키면 울음을 터트릴 게 뻔했다. 나는 혼이 나도 동요하지 않는 편이라 그저 한소리 들으면 그만이었다. 그런데 그런 행동이 보는 사람한테 유별나게 비춰진 게 아닌가 싶다.

나를 향한 여자아이들의 호의에 어머니는 기겁을 하셨다. 혹시 내가 공부에 집중하지 못할까 봐 고백 편지나 선물 같은 걸 모두 내

모든 삶은 실수로 시작된다

다버리셨다. 가끔 집으로 걸려오던 전화도 어머니는 단번에 끊어내셨다. 방에서 공부를 하고 있으면, 거실에서 전화를 받는 어머니의 목소리가 들렸다.

"우리 태순이 공부해야 된다. 다신 전화하지 말거라."

어색한 통화를 피했단 생각에 마음이 놓이면서도, 어머니를 실망시켰다는 사실에 가슴이 울렁거렸다. 내가 했던 별난 행동의 영향력을 지금은 짐작하지만, 그때는 상상도 하지 못했다. 그저 여자아이들의 영문 모를 반응에 주눅이 든 채 학교생활을 이어갔다.

이제 와서 떠올려 본다. 내 마음 편하자고 했던 행동이 오해를 불러일으킬 줄 알았다면 어땠을까. 나를 좋아하는 누군가의 마음이 덜 불편했다면 내 감정이 꽃피었을까. 어머니를 향한 마음의 무게를 내려놓았다면 그때의 학교생활이 달라졌을까.

그런 생각을 하며 가만히 창밖을 내려다본다. 오랜만에 내린 봄비에 어느새 벚꽃이 지고 있다.

일찌감치 반항해 볼걸 그랬다

어릴 적 내 방에는 커다란 돼지저금통이 있었다. 심부름을 하거나 칭찬받을 때 생기는 동전은 몽땅 그 저금통 차지였다. 배가 불러가는 저금통을 보며 부모님은 내심 흐뭇해하셨다. 큰아들에게 일찌감치 돈 모으는 습관을 길러줬다는 보람을 느끼고 계신 듯했다. 덕분에 나도 덩달아 동전 집어넣기에 재미가 들었다. 돼지저금통 등에 뚫린 길쭉한 구멍에 동전을 쏙 넣으면, 흐뭇하게 미소 짓는 부모님의 얼굴이 그 위에 겹쳐졌다. 그렇게 일 년이 흐르자 저금통이 제법 묵직해졌다.

내가 돼지저금통에 손을 대야겠다고 마음을 먹은 건 다름 아닌 만화영화 때문이었다. 당시 우리 집 근처에는 비디오테이프를 빌려주는 작은 대여점이 있었다. 일주일에 한두 번씩 나와 내 동생은 그곳에 가서 테이프를 골라왔다. 어머니가 주신 천 원짜리 한 장을 손에 쥐고 오늘은 뭘 빌릴까 고민하면서 그곳에서 머무르는 시간은 행복했다. 어린 내 눈에 바닥부터 천장까지 볼거리로 가득 찬 그 대여점은 꼭 천국 같았다. 매번 그곳에 갈 때면 동생과 나는 어린이 코너로 달려가서 제목을 한참 들여다봤다. 뭘 고를까 투닥거릴 때도 있었지만, 대부분은 다툼 없이 의견이 모였다. 우리는 로봇이나 히어로가 등장하는 테이프 두 개를 주인아저씨에게 내밀고 척하니 돈을 치렀다.

까만 비닐봉지를 달랑거리며 집에 돌아와서는 신발을 얼른 벗어 던지고 텔레비전 앞에 앉았다. 그러고는 덜컹거리는 소리를 내며 기계에 테이프를 꽂았다. 그 뒤로 삼십 분 동안은 하늘을 날아다니고, 우주를 정복하고, 악당을 무찌르면서 신나는 시간을 보냈다. 한 편이 끝나면 얼른 다음 편을 꺼내어 새로운 악당을 마주했다.

문제는 평소에는 그렇게 길던 한 시간이 그때만큼은 유독 짧게 느껴진다는 것이었다. 누가 꼭 훔쳐간 것처럼 쏜살같이 시간이 흐른 뒤 두 번째 테이프가 끝이 나면 진한 아쉬움이 밀려왔다. 어쩜 그리 다음 편이 궁금하게 끝을 맺는지, 애가 탈 지경이었다. 하지만 우리에게 허락된 여흥은 그 정도가 전부였다. 간간이 받는 용돈은 한계가 있었고, 군것질이라도 한번 할라치면 주머니가 금세 비었다. 만화영화의 다음 편이 궁금해서 잠이 안 올 지경이었던 나는 책상 위에 놓인 빨간 돼지저금통을 몰래 건드려보기로 마음을 먹었다. 우리 집은 부모님이 두 분 다 일을 하셔서 낮에는 동생과 나뿐이었다.

'딱 한 편만 보자. 그래, 그러면 돼.'

난 저금통을 거꾸로 든 채 마구 흔들어서 동전 몇 개를 빼냈다. 그다음은 일사천리였다. 나는 동생에게 잠깐만 있어보라고 말한 뒤 비디오 가게로 달려가서 다음 편을 빌리고 돈을 치렀다. 양심이 간질거렸지만, 이번뿐이라고 속으로 여러 번 되뇌었다.

내가 들고 온 비디오테이프를 보고 동생은 별다른 의심을 품지 않았다. 그저 형이 용돈을 쓰지 않고 아껴 두었나보다 생각하는 눈치였다. 안 그래도 궁금해 하던 터라 잔뜩 기대하는 표정으로 지지직 돌아가는 앞쪽 화면에 눈을 고정했다. 역시나 삼십분은 너무 짧았다. 더 보고 싶다는 생각이 저절로 밀려왔지만 하는 수 없었다. 입맛을 쩝쩝 다시며 대여점에 가서 테이프를 반납했다. 돌아 나오면서 어린이 코너를 쳐다보지 않으려고 일부러 문이 있는 쪽으로 뛰어갔다.

다음 날 오후가 되어서도 만화영화 생각은 머리에서 떠나질 않았다. 학교에서 돌아오는 내내 그 다음은 어떻게 되었을까 궁금해졌다. 마지막에 레드가 잡혀갔는데 살아 돌아올 수 있을까, 새로운 악당이 등장했는데 그 녀석은 얼마나 강할까 그 생각뿐이었다. 대여점 앞을 지나칠 때쯤 나는 결심했다.

'한 번만 더 보는 거야. 그 정돈 괜찮을 거야.'

나는 얼른 집에 가서 저금통을 뒤집었다. 이번엔 흔든 시간이 더 길었다. 하나로는 성이 차지 않을 것 같아 처음보다 동전을 더 꺼냈다. 그러고는 다음 편이 담긴 테이프 두 개를 빌려와 마침 집에 들어서는 동생을 불렀다.

"빨리 와. 같이 보자!"

동생이 공범이 되어준 덕분에 죄책감을 손톱만큼 덜어낸 채 궁금했던 이야기에 몰두할 수 있었다. 역시나 두 편을 한꺼번에 보고 나니 갈증이 그나마 덜했다. 그래도 더 보고 싶은 마음은 매한가지였다. 다음 날도, 그 다음 날도 나는 새 비디오테이프를 빌려 왔다. 동생은 고개를 갸웃거렸지만, 함께 보고 싶은 마음에 아무 말도 덧붙이지 않았다. 방에 들어와서 저금통을 볼 때마다 스멀스멀 올라오는 죄책감을 억눌렀다. 동전 몇 개 꺼내 쓴 게 다니, 들킬 일은 없을 거라고 스스로를 다독였다. 하지만 어린 내 생각이 어른의 눈치를 뛰어넘을 순 없었던 모양이다. 주말 무렵, 어머니의 불호령에 나는 깨달았다.

'들켰구나.'

왜 슬픈 예감은 틀린 적이 없는지, 부엌으로 불려간 나는 그 뒤로 삼십 분 넘게 고개를 푹 숙인 채 혼이 났다. 절반 이상 차 있던 저금통 속 동전이 제법 줄어든 걸 알아차리신 모양이었다.

"대체 그 돈을 어디다 쓴 거야? 네 동생은 몰라도, 태순이 넌 이런 아이가 아니었잖아. 정말 이렇게 실망시킬 거야?"

생애 최초의 반항은 이렇게 허무하게 끝이 났다. 그 뒤로 아무 말썽 부리지 않는 큰아들의 모습으로 다시 돌아왔다. 원래부터 눈치가 빨랐던 나는 어떻게 하면 부모님이 기뻐하실까 신경을 곤두세웠다. 동생이랑 한창 장난을 치다가도, 현관문이 삐걱대는 소리가 들리면 후다닥 의자 위로 뛰어 올라갔다. 그러고는 펼쳐놓은 문제집을 풀기 시작했다. 한발 늦은 동생은 억울해 하며 날 보고 치사하다며 투덜거렸다.

그 뒤로 내가 했던 유일한 일탈은 수능 보기 석 달 전에 친구들을 집에 불러 백일주를 마신 게 다였다. 동생이 그런 내 모습에 충격을 받았다고 말할 만큼 집에서만큼은 한결같이 조용한 삶을 유지했다.

누가 시킨 것도 아닌데, 너무 일찌감치 철이 든 나는 반항 한 번 제대로 해 보지 못한 채 그렇게 학창시절을 흘려보냈다. 그러고는 맡겨둔 적금을 찾듯이 한꺼번에 모든 것을 터뜨리고 말았다. 스물여덟이 되던 해, 삼 년 동안의 공부가 막을 내린 뒤 나는 막무가내로 악을 썼다.

"할 만큼 했잖아요. 맨날 일등하고, 좋은 대학 들어가고, 원하는 대로 시험 준비하고. 앞으론 지금처럼 살지 않아요. 나한테 또 착한 아들이 되라고 하면 바닷물에 뛰어들어 죽어버릴 거예요."

내 모진 말에 어머니는 울음을 터트렸지만, 신경 쓰지 않았다. 그런 뒤 닥치는 대로 자유롭게 살기 시작했다. 미리 나누어서 했어야 할 반항을 한꺼번에 하려니 몸도 마음도 힘이 들었다. 생각이 제자리를 찾을 때까지 후폭풍이 만만치 않았다. 나중엔 정신과 상담까지 받아야 했다.

사람은 흔들려 보아야 비로소 제자리를 찾을 수 있다. 십 년이 넘는 시간 동안 수많은 사람들을 만나본 뒤에 올곧게 깨달은 사실이다. 나는 흔들릴 기회가 없었기에 그 대가를 톡톡히 치러야 했다. 좀 더 일찍 반항해 볼걸 그랬다. 그랬다면 덜 고생했을지도 모르겠다.

공부를 조금만 덜 열심히 할걸 그랬다

재판정에 들어가는 건 의외로 쉬웠다. 법원에 가서 목록을 훑어
보고, 그 가운데 공개 재판으로 지정된 곳을 골라 참관 신청을 했
다. 내 옆에는 긴장한 표정의 고등학생 두 명이 앉아 있었다. 한 명
은 엄청난 부잣집 아들이고, 다른 한 명은 부모님이 두 분 다 의사
라고 했다.

그 아이들을 알게 된 건 우연이었다. 고급 한정식집에 불려갔는
데, 산해진미가 가득 놓인 식탁 앞에서 유독 한 사람만 표정이 어두
웠다. 식사가 끝나갈 때쯤, 스승님의 친구가 침통한 목소리로 말을
꺼냈다.

"내가 전생에 무슨 죄를 지었는지, 막내아들놈이 개차반으로 자랐다네. 중학생 때부터 담배에 손을 대고, 고등학교에 들어가서는 하루가 멀다 하고 술을 퍼마신다네. 며칠건너 한 번씩 집에 오는데, 어쩌다 한 두 마디 건넬라치면 그대로 물건이 날아오곤 해. 도대체가…, 어찌 할 바를 모르겠어."

그동안 사업 확장에 바빠 가정을 제대로 돌보지 못했다고 그분은 스스로를 탓했다. 그래도 어릴 땐 착한 놈이었다며, 어떻게든 제자리로 돌려놓을 수 있다면 바라는 게 없겠다며 흐느끼기 시작했다.

성공한 사업가의 예상 못한 하소연에 사회 초년생인 나는 어쩔 줄 몰라 했다. 어떻게 그런 일이 벌어졌을까 짐작도 하기 힘들었다. 하지만 인생살이에 잔뼈가 굵은 스승님은 달랐다. 엉엉 우는 친구를 말없이 지켜보더니, 울음이 잦아들 때쯤 손수건을 내밀며 말했다.

"나한테 맡기게. 믿어줄 수 있다면."

그분은 두 말 않고 고개를 끄덕였고, 다음 날 막내아들을 스승님한테 보냈다. 혼자 온 건 아니었다. 중학생 때부터 친하게 지내며 어른들이 하지 말란 짓은 몽땅 일삼은 친구와 함께였다.

스승님은 나를 시켜 그 둘을 호텔로 보냈다. 거기서 비싼 객실을 예약해 음식이든 술이든 원하는 대로 가져다주라고 했다. 극약처방이었다. 어차피 말려도 듣지 않을 테니, 하룻밤정도는 그렇게 두는 것도 나쁘지 않다는 게 스승님의 생각이었다. 일단 따르긴 했지만, 머릿속에선 모락모락 걱정이 피어올랐다. 머리에 피도 안 마른 녀석들한테 이런 걸 허락해도 되는 걸까 걱정이 앞섰다.

불안했던 마음과 달리, 그 처방은 효과가 있었다. 녀석들이 스승님 앞에서만은 고분고분해진 것이다. 말이 통하는 어른이 하나쯤은 있나보다 생각했던 모양이다. 어쨌거나 그 아이들은 꼬박꼬박 약속장소에 나타났고, 스승님은 맛난 걸 사 먹이며 자신의 학창시절을 들려주었다. 스승님은 '사업가 위의 사업가'로 불릴 만큼 성공한 분이었지만, 고등학교에 다닐 땐 제법 거칠었던 시절이 있었다. 술과 담배도 끼고 살았다고 했다. 그런 이야기를 두 아이는 흥미롭게 들었다. 그러던 어느 날 스승님이 말했다.

"두 녀석들 데리고 어디 좀 다녀오거라."

스승님이 가 보라고 한 곳이 바로 법원이었다. 하루에도 수십 차례 열리는 재판 가운데 술자리에서 싸움판을 벌인 폭력배나 마약을 흡입해 몸과 마음이 바스러진 사람들이 피고로 등장하는 곳을 골라서 참관을 하라고 했다. 어느새 말이 없어진 아이들을 데리고 나는 온종일 재판정을 옮겨 다녔다. 자칫 자신들의 미래가 될 수 있는 사람들을 눈앞에서 확인한 효과는 컸다. 그 후 조금은 달라진 두 아이들의 소식이 들렸다. 그 가운데 한 녀석은 학교에도 다시 나간다고 했다.

　오랜 세월 했던 공부가 별 것 아니라는 사실을 깨달은 게 그때였다. 누군가를 올바른 길로 이끄는 데 내 지식은 소용이 없었다. 더 이상 책상 앞에서 시간 낭비 할 필요 없겠다는 생각에 문득 가슴이 개운해졌다.

　영업 기술을 배우러 갔을 때였다. 두 달에 사백만 원이나 하는 강의를 에라 모르겠다 하고 신청했다. 먼저 면접을 봐야 한다고 했다. 면접장에 들어가니 한 사람이 긴 책상 앞에 앉아 있었다. 인사를 하고 이름을 말했더니, 잘 하는 게 뭐냐는 질문이 돌아왔다. 춤이라고 했더니, 대뜸 한번 춰보라고 했다. 황당하긴 했지만 양복을 입은 채로 춤사위를 선보였다. 합격이라고 했다. 내 돈을 내고 강의를 듣는데 이런 과정까지 거쳐야 한다는 게 요상하긴 했지만, 어쨌거나 정해진 날짜에 첫 수업을 받으러 갔다.

　일단은 보험회사 영업직 사원한테 잘 맞는 내용 같았다. 거기서 익힌 방법을 써먹어보겠다고 마음을 먹었다. 그래서 경제신문사에 찾아갔다. 배운 대로 쾅 소리가 날 정도로 문을 힘차게 열어 젖혔다. 정말로 직원 한 사람이 급하게 뛰어나왔다.

"무슨 일로 오셨습니까?"

"편집장을 만나러 왔습니다."

어쨌든 당당하게 대답했다. 과연 그 직원이 나를 회의실로 안내했다.

"조금만 기다리십시오. 곧 모셔오겠습니다."

신기한 일이었다. 강의에서 들었던 그대로였다. 조금 뒤 점잖아 보이는 한 사람이 나타났다. 직원이 말했다.

"편집장님, 이 분이 말씀드린 손님입니다."

편집장이 고개를 갸웃거리며 내게 물었다.

"제겐 무슨 일로…?"

자신만만해진 나는 큰 소리로 대답했다.

"보험 팔러 왔습니다."

그 길로 쫓겨났다. 등 뒤에서 직원에게 호통 치는 편집장의 목소리가 들렸다.

"대체 일을 어떻게 하는 거야?"

그런 일을 겪고도 나는 배운 대로 실천하기를 멈추지 않았다. 재래시장에 찾아가서 상인들이 모여 앉은 휴게실로 들어갔다. 의자 하나를 골라 앉은 뒤 거리낌 없는 태도로 말했다.

"물 한 잔 주십시오."

누군가가 얼떨결에 물이 담긴 컵을 내밀었다. 꿀꺽꿀꺽 마신 뒤, 컵을 소리 나게 탁 하고 내려놓았다. 그러고는 양복 가슴 주머니에서 명함을 꺼내 힘차게 내밀었다. 다른 한 손으로 상대의 어깨를 두드려야 한다는 말도 잊지 않았다.

"제 명함 받으십시오!"

나를 흘끔흘끔 쳐다보더니, 다들 휴게실에서 나가버렸다. 나는 터벅터벅 집으로 돌아왔다. 등에 깃발을 메고 거리를 활보하라는 말까지, 배운 건 모두 써먹어봤지만 제대로 되는 게 없었다. 축 처

실수 8 공부를 조금만 덜 열심히 할걸 그랬다

진 나는 더 이상 강의를 들을 의욕이 나질 않았다.

며칠 뒤, 출석을 관리하던 직원분이 전화를 주셨다. 그동안 내가 했던 일을 털어놓았다. 배운 대로 전부 해 보았는데, 아무 소용이 없었다고 말했다. 한 시간 뒤, 그분이 다시 전화를 걸어왔다. 오후에 강의장이 있는 건물 앞에서 만나자고 했다. 그곳에 도착해서 멍하니 서 있는데 차 한 대가 다가왔다. 나한테 전화했던 직원분이 조수석에 앉아 있었다. 운전석에 앉은 사람은 영업 기술을 알려줬던 바로 그 강사님이었다.

얼마 후 우리는 한강 선착장에 도착했다. 강사님이 나한테 위아래가 붙은 옷을 내밀었다. 이십 분 뒤 나는 모터보트와 줄로 이어놓은 손잡이 하나만 붙들고 위태롭게 물 위에 서 있었다. 구명조끼는 입었지만, 수상스키는 처음이었다. 그런 나를 바라보며 배에 앉은 강사님이 말했다.

"신태순 씨, 지금부터 달릴 거예요. 잘 버텨요. 알겠죠?"

모터보트는 사정없이 출발했고, 나는 화들짝 놀라서 손에 힘을 주었다. 마침 비가 부슬부슬 내리기 시작했다. 주변에서 물안개가 올라왔지만, 그런 경치가 내 눈에 들어올 리 없었다. 이대로 낙오되면 한강 한가운데서 선착장까지 헤엄쳐 가야할지도 모른다는 생각에 정신이 아찔해졌다. 마침내 배가 멈췄을 때, 나는 기진맥진해 있었다. 그런 나를 영차 하고 끌어올리며 강사님이 말했다.

"거 봐요. 죽을 만큼 버티니까 없던 힘도 생기죠?"

몸에 한기가 들어서 부들부들 떨고 있던 나는 속에서 화가 치밀어 올랐다. 뭐 이런 사람이 있나 싶어서 옷을 갈아입은 뒤 그대로 집으로 돌아가 버렸다. 나중에는 친한 사이가 되었지만, 한동안은 강사님과 눈도 마주치지 않았다.

그때를 떠올리면 기가 막힌다. 어떻게 그런 황당한 일을 겪었나 싶어서 말이다. 묘한 건 그 이후로 내가 조금은 변했다는 거다.

'한강을 맨손으로 건넜는데 이 일 하나 못해내겠어?'

문득 이런 생각이 들면 픽 하고 웃어버린다. 그 강사님의 의도가 제대로 먹힌 것 같아서 말이다. 어쨌거나, 그동안 책상머리에 버티고 앉아 있던 시간들이 아깝게 느껴진다. 제대로 배우려면 일단 나서야 한다. 몸으로 부딪히는 게 먼저다. 이제라도 깨달아서 다행이긴 하다.

더 많은 친구를 만나 볼걸 그랬다

수업 종이 치고, 선생님이 교탁 앞에 섰다. 반장이었던 나는 자리에서 일어났다.

"차렷!"

선생님과 아이들이 인사를 하기 위해 고개를 막 숙이려는 순간, 내가 말했다.

"열중쉬어. 다시 차렷. 좌로 구르고, 우로 구르고…."

반 아이들이 하나 둘 웃기 시작했다. 선생님은 멈칫하다가 벌컥 화를 냈다.

"뭐 하는 짓이야? 반장, 앞으로 나와!"

나는 칠판 앞에서 몽둥이로 엉덩이 두 대를 맞았다. 솔직히 별로 아프진 않았다. 팔 힘이 약한 선생님이라, 미리 예상하고 벌인 장난이었다.

한번은 전교 부회장 후보가 되었다. 연단에 올라서서 내가 말했다.

"제가 뽑힌다면 당장 고급 자동차 한 대를!"
"와!"

반 아이들한테 환호성을 질러달라고 미리 부탁을 해 놓은 참이었다. 나는 말을 이어갔다.

"덮을 수 있는 커다란 덮개를!"
"와!"
"넣을 수 있는 까만 비닐봉지를!"
"와!"

"묶을 수 있는 튼튼한 끈을"

"와!"

"여러분께 당장 드리겠습니다!"

"와!"

그렇게 한바탕 전교생을 웃긴 뒤, 나는 선거에서 떨어졌다.

고등학교에 들어가서도 비슷한 일을 벌였다. 수업 시간에 선생님이 칠판 쪽으로 돌아서면 내가 신호를 보냈다. 그럼 한 분단씩 일어나 엉덩이춤을 추고 자리에 앉았다. 뭔가 이상한 분위기에 돌아보아도, 선생님 눈엔 얌전하게 앉아 있는 학생들이 보일 뿐이었다. 1분단부터 4분단까지 모두 한 번씩 일어서고 나면 미션이 끝났다. 선생님은 고개만 갸웃거리며 교실 문을 나섰다.

가끔은 그런 일을 들켜서 혼이 날 때도 있었다. 교무실에 불려 가면 선생님이 물었다.

"누구야? 너랑 같이 이런 일을 벌인 사람이?"

"없습니다. 저 혼자 한 겁니다."

사실이었다. 주동자는 항상 나 혼자였다. 지루한 학교생활에 웃음을 더하고 싶었지만, 남들한테 폐를 끼치긴 싫었다. 혼자 야단맞고, 그렇게 끝내는 게 속 편했다. 말썽을 함께 할 친구는 굳이 만들지 않았다.

영업하는 일로 한창 고달파하고 있을 때 토크콘서트라는 곳에 간 적이 있었다. 좌석에 앉아서 한참을 기다리니 키가 훤칠한 사람이 무대에 섰다. 그 강사님은 청중을 휘어잡는 능력이 대단했다. 시작한 지 얼마 되지도 않았는데 다들 그 사람의 말에 빠져들었다. 입을 열 때마다 웃음이 터지고, 분위기가 순식간에 달아올랐다.

사실 그날 나는 몸 상태가 엉망이었다. 전날 마신 술이 깨지 않아서 속은 울렁거리고 머리도 지끈거렸다. 표 값이 아까워서 오긴 했지만 어딘가에 눕고 싶은 마음뿐이었다. 억지로 버티면서 앉아 있는데, 무대에서 이런 말이 들려왔다.

"시간을 드릴게요. 사연을 적어주세요. 관객들 가운데 한 분을 초청해서 잠시 이야기를 나눠보겠습니다."

안 그래도 힘들었는데, 쉬는 시간을 준다니 반가웠다. 주위 사람들이 뭔가를 열심히 쓰기 시작했다. 그냥 눈을 감으려다가, 서너 줄 써 볼 생각으로 나도 글을 끄적거렸다. 어느새 한 장이 꽉 채워졌다. 속풀이 한 번 했다 치고 그 글을 제출해버렸다. 얼마 뒤 무대에 다시 올라온 강사님이 사연을 훑어보기 시작했다.

"신태순 님, 일 년 동안 많은 일을 겪으셨네요. 한번 나와 보세요."

얼결에 일어섰는데 몸이 비틀거렸다. 억지로 중심을 잡으면서 앞으로 걸어 나갔다. 수염도 깎지 않은 데다 시커먼 털옷까지 입고 있어서 거의 산적 같은 분위기였다. 나를 쳐다보던 강사님이 놀란 목소리로 물었다.

"아니, 여자분 아니셨나요?"

내 이름에 들어 있는 '순'이라는 글자에 착각을 했던 모양이었다. 무대 위에 올라가 한쪽에 섰는데, 강사님이 마지못해 내게 물었다.

"그래요…, 최근에도 그렇게 많이 힘들었나요?"
"네, 글에 썼던 것과 별 다름이 없습니다. 그래서 어떻게든 제 마음을 들여다보려고 애쓰고 있습니다."

순간 강사님의 눈빛이 변했다. 나를 똑바로 쳐다보면서 진지하게 물었다.

"마음이라…, 특별한 방법이 있나요?"

"명상을 하면서 스스로를 관찰합니다. 호흡도 느껴보고요."

그때부터 이야기가 자연스럽게 이어졌고, 나는 무거운 몸을 이끌고 사람들 앞에서 춤까지 선보였다. 그런 활약상에 크게 웃고 나서, 강사님이 갑자기 무대 한가운데에 나를 세웠다. 그러고는 눈을 감으라고 했다. 잠시 뒤 목소리가 들려왔다.

"여러분, 대한민국에서 살기 힘든 세 부류의 사람이 있습니다. 첫 번째가 천재, 두 번째가 여자, 세 번째가 예술가입니다. 지금 여러분 앞에 서 있는 이 청년은 예술가이자 천재입니다. 그러니 얼마나 힘든 시간을 보냈을지 눈에 선합니다. 하지만 여러분, 앞으로의 십 년을 주목해주십시오. 이 청년이 대한민국의 미래가 될 것입니다."

우레와 같은 박수가 쏟아지고, 나는 무대에서 내려왔다. 아무것도 가진 게 없는데, 이런 나를 왜 응원해줄까 얼떨떨한 기분이 들었다. 토크콘서트가 모두 끝나고, 강사님이 내게 다가왔다. 그분이 자신의 연락처를 건넸고, 그렇게 우리는 친구가 되었다.

강사님은 나보다 열 살이 많았다. 내가 꺼낸 마음 이야기에 반응한 건 이유가 있었다. 그분은 삼십대 초반에 이미 대한민국 최고의 강사 자리를 꿰찬 상태였다. 돈도 많았고 강연 초청도 끊이지 않았다. 하지만 마음이 항상 허전했다. 함께 만난 자리에서 듣게 된 이야기에 가슴이 뭉클했다.

"강사라는 직업은 사람들에게 빛을 주어야 해요. 내가 지금 어떤 마음이든 밝은 모습을 내보여야 하지요. 언젠가부터 마음이 항상 무거웠어요. 하지만 그런 말을 할 수는 없었어요. 삶의 기쁨을 전하는 사람이 우울하게 살고 있다는 걸 밝힐 순 없잖아요. 무대 위에 설 때는 어떻게든 견디지만, 거기서 내려오면 마음이 무너져요. 언제까지 이렇게 버틸 수 있을지 잘 모르겠어요."

빛이 밝으면 그늘도 짙듯이, 그분의 마음에 드리워진 그림자는 나보다 훨씬 농도가 짙었다. 나는 생각했다.

'이렇게 대단한 사람도 나처럼 많은 고민을 품고 사는구나.'

우리는 가끔 만났다. 강사님이 말하고, 나는 들었다. 그런 상황만으로 나는 위로를 받았다. 그분도 마찬가지였다. 가만히 귀 기울여 주는 것만으로 표정이 한결 밝아졌다. 강사님과의 인연은 그 뒤로 몇 년 더 이어졌다. 이제는 더 이상 만나지 않지만 지금도 먼발치에서 여전히 서로를 응원하고 있다. 다행스럽게도 그분은 안정을 찾았고, 지금도 바쁜 활동을 이어가고 있다.

우연한 계기로 진정한 친구를 만난 뒤 예전의 삶을 돌아보게 되었다. 관계 맺기에 서툰 까닭에 내 주위엔 친구가 별로 없었다. 누군가와 고민을 나누기보다는 힘들어도 혼자 참는 게 편하다고 생각했다. 십대 시절에 마음의 문을 열었다면 단짝 친구 한둘은 남았을 텐데, 후회가 된다.

만약 인생을 다시 살 수 있다면, 학창 시절로 돌아가 엉뚱한 일을 함께 할 친구를 만들고 싶다. 나중에 연락이 끊긴다 해도 기억은 오래 남을 것이다. 그러면 몹시 시렸던 시절이 조금은 따스해졌을 지도 모르겠다.

쓸모없는 모험을 해 볼걸 그랬다

"내가 왜 너랑 밥을 먹는데?"

나를 흘끗 올려다보며 그분이 던진 말이다. 나는 순간 멍해졌다.
청년 창업 신화의 주인공, 낡은 트럭 하나를 몰고 맨몸으로 장사에
뛰어들어 한 해 수백억의 매출을 올린 '장사의 신'의 강의를 방금 듣
고 나온 참이었다. 나는 친필 사인을 받기 위해 긴 줄 끝에 섰다. 내
손에는 그분이 쓴 자서전 열 권이 들려 있었다.

'이 정도 성의면 가능하겠지?'

나는 차례가 오기만을 기다렸다. 마침내 기회가 왔을 때 들고 있던 자서전을 한꺼번에 내려놓으며 말했다.

"대표님, 식사 한 번 대접할 수 있을까요? 가까이에서 뵙고 말씀 나누고 싶습니다."

그랬더니 그분이 마뜩찮은 표정으로 나를 올려다보았다.

"내가 왜 너랑 밥을 먹는데?"

그러고는 심드렁한 목소리로 말했다.

"자서전 백 권 사면 생각해 보지."
"사겠습니다!"

나는 반사적으로 외쳤다. 그만큼 절실했다. 어떻게든 성공의 비밀을 알고 싶었다. 그러려면 실제로 성공한 사람을 만나보는 게 제일이라는 생각이 들었다. 그래서 백 권이라는 어이없는 숫자에 고개를 끄덕인 것이었다. 내 대답에, 그분이 건조하게 말했다.

"그럼 낼 모레 출판기념회에 오던가."

실수 10 쓸모없는 모험을 해 볼걸 그랬다

이틀 뒤 나는 일찌감치 행사장에 도착했다. 꾸벅 인사를 드렸더니 그분이 누군가에게 손짓을 했다. 잠시 뒤 덜컹거리는 소리와 함께 손수레가 다가왔다. 그 위에는 큼직한 상자 세 개가 놓여 있었다. 손수레를 밀고 온 사람이 뭔가를 내밀었다. 카드 단말기였다. 내가 어리둥절한 표정을 지어 보이니, 그분이 말했다.

"결제하지 않고 뭐 해. 백 권 여기 왔잖아."

어떻게든 되겠지 싶어 눈 딱 감고 카드를 긁었다. 사실 그날 도서 판매 금액은 불우이웃을 위해 전액 기부된다고 발표가 된 상태라, 내가 책 백 권을 샀다고 해서 그분에게 돌아갈 이득은 없었다. 한 달 뒤 날아올 청구서 금액을 떠올리며 나는 터벅터벅 집으로 돌아왔다. 왠지 허무한 생각이 들었다.

며칠 뒤, 휴대전화에 모르는 번호가 떴다. 받고 보니 그분이었다. 백 권 값을 결제한 후 그분은 일단 전화번호를 남기라고 했다. 그러고는 아무 연락이 없길래 포기하고 있던 참이었다. 그분의 목소리가 들려왔다.

"소원대로 밥 한 끼 먹도록 하지. 이틀 뒤에 집으로 갈 테니, 주소 보내놔."

나는 그때 결혼한 지 얼마 안 된 신혼 때라, 작은 공간에서 아내와 복닥거리며 살고 있었다. 우리는 꼬박 하루를 청소하느라 보냈다. 집에 있던 잉크프린터로 '환영합니다' 글자까지 뽑아서 천장에 테이프로 붙여 놓았다. 그렇게 손님맞이 준비를 마친 뒤 우리는 긴장한 채 약속시간을 기다렸다.

그분은 가족과 함께 우리 집에 오셨다. 그날 다섯 사람이 조그마한 식탁에 둘러앉아 식사를 했다. 거하게 차린 음식은 아니었지만 다들 즐거운 시간을 보냈다. 나중에 알고 보니, 그렇게 누군가의 집에서 첫 식사를 하는 건 그분만의 독특한 검증 방식이었다. 식구들이 있는 자리에서는 인간의 본성이 드러난다는 것이 그 대표님의 지론이었다.

내가 기준에 부합했는지는 알 수 없지만, 그 뒤로 종종 전화를 받았다. 연락이 오면 열일을 제쳐놓고 약속 장소로 뛰어갔다. 어떨 땐 지방에서 열리는 강의나 출판기념회에 동행하기도 했다. 죄송하게도 자동차는 그분이 몰았다. 운전을 하지 못하는 나는 옆자리에 앉아서 목적지에 도착할 때까지 대표님이 건네는 이야기를 내내 들었다. 당시 그분은 슈퍼스타였다. 사업을 한다는 사람치고 그분의 말씀에 귀를 기울이지 않는 사람이 없었다. 그런 분이 내게 관심을 보인다는 사실이 신기했다. 한번은 슬쩍 물어보았다.

"대표님, 왜 굳이 저를 데리고 다니세요?"

그러자 한창 운전을 하고 있던 대표님이 앞차의 꽁무니를 쳐다보면서 툭 던지듯 말했다.

"태순이 넌 착하잖아."

지금 생각해 보면 나한테 아직 세상의 때가 묻지 않았다는 이야기였던 것 같다. 그분은 엉뚱한 행동도 종종 했다. 언젠가 다급한 목소리로 대표님이 내게 전화를 걸었다.

"태순아, 빨리 와. 급해. 내가 문자로 장소 찍어줄 테니 서둘러야 해. 알았지?"

난 영문도 모른 채 얼른 그곳으로 달려갔다. 전철에서 내려 버스를 막 갈아타려는데, 문득 뭔가가 떠올랐다.

'맞다, 선물.'

난 두리번거리며 편의점을 찾았다. 그러고는 거기에 들어가서 껌한 통을 샀다. 그걸 가방에 집어넣고 급하게 발걸음을 옮겼다. 사실 그 선물은 내가 마음속으로 했던 약속이었다. 예전에 대표님이 쓴 책을 읽었는데, 거기에 그분이 모셨던 스승님과의 일화가 적혀 있었다. 그분은 자신에게 장사의 기초를 전수해주신 스승님을 만나러 갈 때 한 번도 빈손으로 간 적이 없다고 했다. 작은 사탕 한 개, 과자 한 봉지라도 꼭 사들고 스승님의 손에 쥐어드렸다는 말에 감명을 받았다. 그래서 내가 대표님을 만나러 갈 때마다 아무리 작은 것이라도 꼭 한 가지를 손에 들고 갔다. 그날도 그게 떠올라 편의점에 들른 것이었다.

버스를 두 번 갈아타고 한참을 달려 도착한 나는 약속 장소로 향했다. 크지 않은 카페였는데, 앉아 있는 그분의 뒷모습이 보였다. 가까이 다가간 나는 인사를 한 뒤 가방을 열어 껌을 꺼냈다. 그걸 건넸더니 갑자기 대표님이 껄껄 웃으면서 주위 사람들한테 말했다.

"거 봐. 뭔가 들고 올 거라고 했지?"

알고 보니, 대표님이 오랜만에 만난 친구들과 내기를 했던 거였다. 요즘 가깝게 지내는 청년이 있는데, 만날 때마다 작은 선물을 꼭 하나씩 사들고 온다고 자랑을 한 모양이었다. 이렇게 급하게 연락을 해도 과연 뭔가를 들고 올까 다들 궁금해 하던 참이었다. 내기에서 이긴 대표님이 주위를 둘러보며 자신만만한 표정을 지어 보였다.

"말했잖아. 한결같다고. 그걸로 이 녀석을 따라올 사람은 없어."

그 뒤로 나는 대표님과 차곡차곡 추억을 쌓아갔다. 가족 여행을 함께 떠난 적도 있었다. 그러다가 그분이 점점 바빠지고, 나도 본격적으로 해야 할 일이 늘면서 만남의 횟수는 줄었지만 여전히 연락을 주고받고 있다.

돌이켜보면, 내가 대표님과 함께했던 순간들은 하나하나가 전부 작은 모험이었다. 때론 사소하게 느껴지는 것도 있고, 제법 그럴듯해 보이는 것도 있었다. 가끔 그분은 인적 드문 호숫가나 울창한 숲에 나를 데리고 가서 몇 시간 동안 아무 말도 하지 않고 앉아만 있다가 돌아오기도 했다. 지나고 보니, 그루터기에 걸터앉아 바람소리를 듣던 그 시간이 가장 생생하게 기억에 남는다. 그때는 쓸모없다 여기던 일이 지금은 새삼 다르게 다가온다.

그렇게 독특한 분과 내 젊음의 한 자락을 나눌 수 있었다는 게 흔한 기회는 아니었단 생각이 든다. 사소하지만 쓸모없는 모험을 그분과 좀 더 해 보았으면 좋았을 텐데 하는 아쉬움이 남는다.

모든 삶은 실수로 시작된다

가족에 관한 실수

좀 더 빨리 결혼할걸 그랬다

우리 결혼식은 한바탕 축제였다. 한창 준비를 하고 있을 때, 장모님이 나를 따로 불러서 조심스레 당부하셨다.

"신 서방, 그냥 진지하게 준비하게. 결혼식 말이야."

춤과 노래를 좋아한다는 내 정보를 일찌감치 파악하고 계셨던 터라, 결혼식이 난장판이 될까 봐 불안하셨던 모양이었다. 나는 믿음직하게 고개를 끄덕였다.

"네, 장모님. 아무 걱정 마세요."

그리고 대망의 결혼식 날, 장모님의 바람대로 예식은 차분하게 진행되었다. 여느 결혼식과 다름없이, 우리 어머니와 장모님이 한복을 세트로 차려입고 우아하게 촛불을 켰다. 웃음기 하나 없는 긴장된 표정으로 신랑이 앞을 향해 뚜벅뚜벅 걸어가고, 장인어른이 아내의 손을 잡고 천천히 걸음을 옮겼다. 조금 뒤 우리 둘은 나란히 섰고, 주례사를 듣는 내내 고요함을 유지했다. 양가 부모님께 인사를 드릴 차례가 되었을 때, 내심 만족해하시는 장모님의 표정을 보며 난 혼자 미소 지었다.

'장모님, 결혼식은 아직 끝난 게 아닙니다. 하하.'

솜씨를 선보일 차례가 왔을 때, 나는 일부러 아주 얌전한 노래를 골랐다. 역시나 이 결혼식도 이렇게 끝이 나겠구나 싶었을 때, 간주 부분에서 내가 말했다.

"여러분, 제가 신부를 위해 작은 이벤트를 준비했는데요, 혹시 불편하실까요?"

곧바로 사방에서 괜찮다는 대답이 쏟아졌다. 흘끗 보니, 장모님의 얼굴에서 살짝 당황해하는 기색이 엿보였다. 분위기가 분위기인 만큼 차마 나서지는 못하고 계신듯했다. 그리고 마침내 그 순간이

실수 11 좀 더 빨리 결혼할걸 그랬다

다가왔다. 식장에 노래가 울려 퍼졌다. 당시 최고의 히트곡인 '강남
스타일'이었다.

일단 내가 춤을 시작했다. 나중에는 동아리 후배들이 나를 거들
었다. 워낙 춤으로 단련된 터라, 미리 약속하지 않았는데도 다들
절도 있게 몸을 흔들었다. 덕분에 결혼식장이 대규모 공연장이 되
어버렸다. 나중엔 장모님도 반쯤 포기한 채 손뼉을 치며 분위기를
즐겼다.

식장을 나서는 손님마다 역대급 행사였다며 엄지를 번쩍 치켜들
었다. 하지만 우리 부부가 그 자리에 서기까지는 우여곡절이 많았
다. 결혼 전에 나는 당시 여자 친구였던 아내한테 못된 말을 많이
했다.

"난 영영 결혼하지 않을 거야."
"아무리 설득해도 내 마음은 안 변해."

알콩달콩 정다워야 하는 시기에 그런 말을 들었던 사람의 심정이
어땠을지 상상이 가질 않는다. 분명 속상했을 것이다. 아픈 말을
던질 때마다 아내의 표정이 바뀌는 걸 나도 보았다. 하지만 멈추질
못했다. 나중에는 이런 말까지 했다.

"난 그저 남자 친구일 뿐이야. 남편은 되어줄 수 없어."

사태가 이 정도에 이르니 아내도 서운함을 토로하곤 했다. 하지만 날 떠나지 않았다. 서먹할 때도 많았지만, 연락을 끊는 법은 없었다. 지금 생각해 보면 그것만큼 다행스러운 일도 없다. 그때 아내가 붙잡아주지 않았다면, 난 분명 괴팍한 늙은이로 쓸쓸하게 여생을 보냈을 것이다.

내 마음속에 결혼에 대한 기대가 사라진 건 따스함이 부족했던 부모님의 관계를 지켜봤던 이유가 컸다. 어린 내 세상은 너무 좁았고, 눈앞에 보이는 부부의 세계란 아버지와 어머니가 쌓아온 세월이 전부였다.

"정말 이렇게는 못살겠다."

어머니는 나와 동생을 앞에 두고 이런 이야기를 하시곤 했다. 부부란 원래 정 없이 살아가는 관계일까, 왜 함께 있을 때 더 불행해보이는 걸까, 나와 동생이 없었다면 두 분은 정말 갈라섰을까 하는 생각이 내 여린 신경망을 따라 흘러 다녔다. 가까운 사람이 원수가 될 수도 있다는 깨달음이 인생의 가장 큰 교훈이었고, 그래서 나는 마음먹었다. 내 삶의 울타리 안에 다른 사람을 들여놓지 않겠다고.

실수 11 좀 더 빨리 결혼할걸 그랬다

결혼 같은 건 하지 않겠다고.

그 문을 비집고 들어와 준 아내 덕분에 불가능할 거라 여겼던 결혼을 결국 할 수 있었고, 생각을 나눌 사람을 얻었다. 자칫 놓칠 수 있었던 관계를 붙잡은 덕분인지, 결혼생활을 통해 제대로 된 안정감을 맛보았다. 격렬히 거부하다가 생각을 바꾸기로 마음먹었을 때 나는 떠올렸다.

'내가 알던 것과 다른 형태의 삶이 있을 지도 몰라. 결혼에 대해 제대로 연구해 보자.'

막상 살아보는 것과는 또 다른 문제지만, 오랜 시간 자리 잡은 두려움을 떨쳐내는 것이 내게는 꼭 필요한 과정이었다. 한 사람의 인생과 다른 사람의 인생이 엮여가는 '관계'란 내게 있어 부담스러움 그 자체였다. 나에게는 그런 감정을 대신할 무언가가 필요했다.

다행스럽게도 아내는 결혼 전에 세미나에 함께 가는 걸 싫어하지 않았다. 고약한 나를 견뎌낸 단단한 심성 덕분인지, 그런 곳에 가서도 휩쓸리거나 동화되는 일 없이 자신만의 기준을 하나하나 세워나갔다. 아무것도 없는 맨바닥에 '부부'라는 집을 지어야 하는 나는 책도 읽고, 강의도 듣고, 다른 사람들의 이야기도 새기며 한 가지씩 새로운 사실을 쌓아나갔다. 다행스럽게도, 두려움이 빠져나간 마음속엔 빈자리가 아주 많아서 바람직한 사실들이 쉽게 들어왔다.

"사람들이 착각하는 한 가지가 있어요. 결혼식을 치르면 두 사람이 저절로 부부가 된다는 생각이지요. 기숙사에 들어가도 적응할 시간이 필요한데, 삼십 년 가까이 따로 살다가 삶을 공유하려면 얼마나 긴 시간이 필요하겠어요? 낯선 게 당연한 거고 서툴지 않으면 이상한 겁니다. 안 그래도 불안한 상황에서 양가 부모님마저 이 말저 말 덧붙이면 두 사람의 관계가 틀어지는 건 시간문제입니다."

언젠가 들었던 이 말을 나는 기억해두기로 했다. 다른 건 몰라도 부모님은 내 선에서 책임지겠다고 마음먹었다. 자식 일이라면 열일을 제쳐두고 나서는 어머니는 독립적인 아내와 모든 면에서 의견이 다를 게 불을 보듯 뻔했다. 그럴 때 어머니를 멈추게 하는 게 내 역할이라는 생각이 들었다. 다행스럽게도 고시공부를 때려치우고 뒤늦게 찾아온 반항기에 그동안 쌓인 울분을 터트린 적이 있어서 더 이상 나는 착한 큰아들이 아니었다. 덕분에 결혼한 뒤 내가 보인 태도에 어머니는 마지못해 따라주었다. 서운해 하시긴 했지만 말이다.

결혼한 다음에 비로소 깨달은 사실이 있는데, 누가 시키면 하기 싫어지는 못된 심보를 내가 가지고 있다는 거다.

"음식물 쓰레기가 너무 쌓였더라. 그거 버려야 해요."

마침 그 일을 하려던 순간에 아내가 말을 꺼내면, 이상하게 할 마음이 싹 사라진다. 이 사실을 아내가 눈치챘는지는 잘 모르겠다. 뿔난 송아지마냥 좌충우돌하는 것이 좋은 건 아니지만, 아직까지는 이런 성질머리를 고칠 생각은 없다. 어쨌거나 이것도 나니까 말이다.

모든 삶은 실수로 시작된다

아이와 얼른 만날걸 그랬다

큰아이가 벌써 초등학교 일학년이다. 아침마다 침대 한 켠에서는 그날치의 쟁탈전이 벌어진다.

"으응 으응."
"어서 일어나야지. 이러다가 학교 늦어."

아이는 오 분이라도 더 잠을 지키려고 용을 쓰고, 아내는 그 잠을 빼앗아 얼른 일으키려고 기싸움을 한다. 건넌방에서 두 사람의 티격태격을 듣고 있던 나는 조용히 방문 앞에서 아내에게 잠시 나가 있으라고 손짓을 한다. 왜 이제야 나타났냐는 표정으로 쳐다보는 아내를 뒤로 하고, 나는 대뜸 말한다.

"어젯밤에 하다 만 게임 말이야, 거기서 변신하던 큰 공룡, 이름이 뭐였지?"

그때까지 징징대던 아이의 목소리가 조금 펴진다.

"변신 아니야. 진화야."
"맞다. 진화였지. 아빠가 깜빡 까먹었네. 근데 진화한 다음엔 정말 미사일이 나가?"
"당연하지. 그러니까 진화지."

이쯤 되면 큰 아이의 꽉 감긴 눈이 떠진다. 그러면 나는 슬쩍 묻는다.

"어떡할까, 우리 얼굴에 물 한번 묻혀볼까?"

어느새 기분이 좋아진 아이는 고개를 크게 끄덕이고, 난 그런 아이를 번쩍 안아들고 저벅저벅 욕실로 향한다. 그러고 나면 힘들지 않게 등교 준비를 할 수 있다.
아내는 이런 내 행동을 마법 같다고 하지만, 사실 이건 아내 덕분

모든 삶은 실수로 시작된다

이다. 아내가 엄한 엄마 역할을 맡아주니, 내가 친구 같은 아빠 역할을 해낼 수 있는 것이다. 만약 아내가 아이들을 어르고 놀아주는 일에 몰두한다면, 나는 어쩔 수 없이 규칙을 중요하게 여기는 아빠 역할을 해내야 할 거다. 아내가 딱딱한 쪽을 맡아준 덕분에 내가 부드러운 아빠로 남을 수 있는 것이다.

지금은 아이들과 매 순간을 꽉 채우며 즐겁게 보내지만, 예전의 나는 어리석게도 자식이 꼭 있어야 할까 생각하며 살았다. 결혼을 하고도 사오 년 동안은 아이 생각이 없었다. 아내가 회사에서 인정받으며 승진을 거듭하던 때이기도 했고, 나 또한 새로운 일에 적응하느라 밤낮으로 몰두하던 시기였다. 손주 소식이 들려올 기미가 없자 우리 부모님은 채근을 했지만, 나는 꿈쩍도 하지 않았다. 그러다가 동갑인 나와 아내가 서른 중반에 다가설 즈음 처음으로 진지하게 아이 이야기를 나눴다. 나도 아내도 더 이상 미루면 안 되겠단 생각이 그 무렵에 들었다.

준비된 부모에 대한 환상은 없었다. 결혼이라는 큰 산을 넘어본 경험이 인생의 새로운 단계에서 좋은 기준이 되어주었다. 어차피 서툴 것을 각오하고 하나하나 배워가겠다는 마음을 갖게 된 것이다. 결혼 생활도 낯설고 서투르기 짝이 없는데, 새롭게 만나는 아기와의 관계는 또 얼마나 어색할지 상상하기 힘들었다.

아빠가 되었다는 이유만으로 금세 제 역할을 해낼 거란 기대가 오히려 관계를 망칠 거라고 난 생각했다. 덕분에 아이가 태어난 뒤 여유롭게 관찰하는 시간을 가졌다. 어떨 때 아이가 크게 웃는지, 무슨 일을 겪을 때 짜증을 내는지, 좋아하고 싫어하는 것은 무엇인지 지켜보며 신기한 기분이 들었다. 마음껏 감정을 표현하는 모습에 경이로움을 느꼈다는 게 더 맞는 표현일 거다. 나는 마음을 내보일 때 항상 여지를 두는데, 아이는 그렇지 않다는 게 놀라웠다. 얼마 지나지 않아 아이가 그럴 수 있는 건 믿음 덕분인 걸 깨달았다. 자신이 온전히 받아들여진다는 확신이 솔직함을 만들어낸 것이다. 그 깨달음 하나만으로 아빠 노릇이 뿌듯해졌다.

다행히도 내 일이 정기적인 출퇴근이 필요하지 않아서 아이가 태어난 뒤에도 제법 긴 시간을 함께 보낼 수 있었다. 한창 일할 시기에 집에 들어앉으니 주변에선 걱정이 많았다. 하지만 나는 그 시간이 무척 흥미진진했다. 아이가 말을 하기 시작하면서 그 느낌은 더욱 생생해졌다. 아침에 눈을 뜨면 오늘은 또 무슨 이야기를 나눠볼까 마음이 설렜다. 둘째가 태어난 뒤에는 이런 생각이 들었다.

'나는 신에게 예쁨받는 게 틀림없어.'

두 아이는 참 다르다. 첫째는 신중하고, 둘째는 거침이 없다. 네 살 터울이 지다 보니 한동안은 따로 돌보아야 했다. 내가 큰아이와 놀아주고 둘째는 아내가 맡았다. 요즘은 둘이 어울려서 함께 놀곤 한다. 그 모습을 지켜보며 결심했다. 역할을 강요하지 않겠다고 말이다.

"넌 장남이고 착한 아이야. 말썽을 부릴 리 없지."

이런 말에 갇혀서 삼십 년간 힘들었던 나로서는 있는 그대로 아이들을 지켜봐주려 애썼다. 신중하던 아이가 말썽을 부려도, 거침없던 아이가 수줍어해도 아무 상관없다는 걸 알려주고 싶었다.

저녁을 먹은 뒤 잠잘 준비를 끝내면 하루 중 가장 한가로운 때가 온다. 거실에 옹기종기 모여 앉아서 각자 편한 자세로 시간을 보낸다. 아내와 아이들은 텔레비전에 빠져들고, 나는 무릎 위에 노트북을 펼친다. 아내가 빙그레 웃으며 묻는다.

"이 상황에서 일하는 게 가능해요?"

직장 생활을 오래 한 아내는 일하는 시간과 쉬는 시간의 구분이 명확하다. 그래서 한가할 때 노트북을 펼치는 나를 신기해한다. 그런데 아내가 모르는 게 있다. 가족들 곁에서 글을 쓰는 게 나한테는 가장 여유로운 때라는 걸.

환절기라 그런지 며칠 전부터 두 아이가 함께 콜록거린다. 둘째가 어린이집에서 먼저 옮아오고 큰아이도 얼마 뒤 감기에 걸렸다. 기침이 유행인지 병원에서 만난 다른 집 아이들도 다들 증상이 비슷하다. 한 시간을 기다려 진찰을 받은 뒤 약을 지어왔다. 낮에는 그나마 괜찮은데, 밤에 자면서 기침하는 모습이 너무 안쓰럽다. 빨리 나아야 할 텐데 감기가 떨어지질 않아서 걱정이다.

저녁때면 어김없이 집에 있는 나한테도 아주 드물게 외출을 해야 할 순간이 온다. 오랜만에 만나는 사람도 반갑고, 함께 나누는 이야기도 즐겁다. 아이들과 있을 땐 맛보기 힘든 매콤한 음식이나 기름진 안주도 식욕을 자극한다. 하지만 딱 거기까지다.

바깥에 있으면 조바심이 난다. 아이들이 놀고 있는 침대에 얼른 뛰어들고 싶어서 말이다. 작은 아이의 손을 붙들고 아빠 머리를 쓰담쓰담 해달라고 조르고, 나머지 한 손으론 큰 아이의 배를 간질이며 깔깔대는 소리를 듣고 싶다. 힘들게 잡힌 저녁약속이지만, 시계가 9시를 향해 가면 이제 그만 사람들한테 인사하고 집으로 향하는 버스에 올라타고 싶다. 같이 목욕도 하고, 게임도 하고, 낮에 있던 일도 물어보고 싶은데, 왜 지금 바깥인지 심통이 난다. 맞다. 아무래도 난 아빠 노릇이 천직인 것 같다.

모든 삶은 실수로 시작된다

솔직하게 말할걸 그랬다

나한테 글쓰기는 구원 같은 거였다. 답답한 현실에서 유일하게 속마음을 내보일 수 있는 작은 틈이 글쓰기였다. 괜찮은 척, 아무렇지 않은 척하는 데 온 힘을 쏟아 붓던 나는 그래서 매일같이 일기를 썼다. 처음엔 그냥 한두 줄씩 끄적이다가, 나중에는 일기장에 이름까지 붙였다. 지금도 생각나는 이름은 '레오'다. 당시 미남배우로 유명했던 레오나르도 디카프리오의 앞 글자를 따서 붙인 것이었다.

"레오, 오늘 수업이 끝나고 집에 가려는데 다른 반 여자애가 나를 찾아왔어. 작은 상자 하나를 쑥 내밀더라고. 무슨 일인가 싶어 물어보았더니, 예전부터 나한테 관심이 있었다면서, 선물을 주고 싶다는 거야. 내가 받지 않겠다고 하니까, 그 아이가 화를 내며 물었어. 여자 친구가 있느냐고. 아니라며 고개를 저었더니, 그 여자애가 다시 선물을 내미는 거야. 다른 사람의 성의를 무시하면 안 되는 거래. 그래서 하는 수 없이 받아오긴 했는데, 영 마음이 편치가 않아. 이럴 땐 어떻게 해야 하는 걸까? 레오, 넌 알고 있니? 그럼 나한테 좀 가르쳐주라."

친구가 많은 편은 아니었지만, 그래도 학교에서 이야기를 주고받는 녀석들은 몇 있었다. 하지만 속마음을 나눌 만큼 가까운 사이는 아니었다. 예전의 나는 진심을 표현하는 데 서툴렀다. 솔직히 말하면, 내가 하는 말과 행동이 상대에게 어떻게 받아들여질지 짐작이 가질 않았다. 그러다 보니 다른 사람과 일정한 거리를 유지하는 게 속 편했다. 그런 나에게 레오는 특별한 존재였다. 비록 상상속의 친구였지만, 종종 일기장을 펼치고 남들에게 하지 못한 말들을 털어놓았다. 그러면 마음이 조금은 편안해졌다. 답답했던 심정도 어느 정도 풀어지는 느낌이었다.

"산다는 건 대체 뭘까?"

난 가끔 레오에게 이렇게 묻곤 했다. 초등학교 4학년 때 삶과 죽음의 경계에 아주 가까이 다가간 적이 있었다. 부러진 팔을 고치기 위해 수술대 위에 올랐는데, 수술이 끝나고 꼬박 하루가 지나도록 마취에서 깨어나지 못했다. 그때의 경험은 내가 언제든 죽을 수 있다는 사실을 일깨워주었다. 그 이후로 나는 죽음의 공포에 시달리며 살았다. 하지만 그 이야기도 솔직하게 털어놓을 곳이 없었다. 내가 수술을 받고 눈을 뜨지 못했을 때 어머니가 얼마나 겁에 질려 계셨는지 알게 된 다음부터 난 그 일이 아예 일어나지 않은 것처럼 행동했다. 내가 그때의 기억을 매일같이 되살리고 있다는 걸 혹여 알게라도 되는 날엔 어머니의 울음소리가 온 집안을 채울 거란 사실을 잘 알고 있었다.

'아무렇지 않은 척해야 해.'

난 매일 혼자서 그렇게 되뇌었다. 그 무렵이었던 것 같다. 솔직하면 안 된다고 생각하기 시작한 게. 잠을 자기 위해 자리에 누우면 캄캄한 어둠속에서 항상 죽음을 생각했다. 온몸에 두려움이 밀려왔다. 무서운 느낌에서 벗어나려고 나는 양손으로 머리를 마구 두드렸다. 그런 일은 고등학생이 되어서도 이어졌다. 낮에는 아무 일 없다는 듯 지내다가 밤이 되면 항상 겁에 질렸다. 이런 내 마음을 털어놓을 상대는 오직 일기장 속 레오뿐이었다.

실수 13 솔직하게 말할걸 그랬다

"레오, 난 죽음이 내 곁에 머물고 있는 것 같아. 떨쳐내려 해도 잘 되지가 않아. 잠을 자다가 그대로 죽게 될까 봐 무서워. 이대로 누운 채 자리에서 일어나지 못하면 어쩌지? 이런 말을 누구에게도 할 수가 없어. 친구들은 날 이상한 아이로 여길 테고, 엄마는 분명 슬퍼하실 거야. 내가 수술을 받고 나서 한동안 깨어나지 못한 일로 엄마는 여태껏 죄책감을 느끼고 계시거든. 절대 엄마 탓이 아닌데도 말이야. 그래서 난 멀쩡한 척하면서 착하게 굴어야 해. 그래야 엄마가 기뻐하시거든. 내가 열심히 공부해서 좋은 성적을 받는 게 엄마한테는 가장 큰 행복인가 봐."

레오한테 이야기를 건넬 때만큼은 자유로운 느낌이 들었다. 그때만 해도 왜 그렇게 속이 답답한 건지 이유를 몰랐다. 가면을 쓴 것처럼 멀쩡한 아들의 모습을 연기하는 게 얼마나 힘겨운지 깨닫지 못하고 있었다. 어쨌거나 하루에 한 번 일기장을 펼치는 게 내겐 유일한 위안이었다. 그러다가 그 일이 터졌다.

"엄마, 혹시 제 책상 서랍 건드리셨어요?"

매일같이 레오에게 건넨 진심이 차곡차곡 쌓여서 공책 몇 권이 되었을 무렵이었다. 어느 날 학교에서 돌아온 나는 내 방에서 다급하게 나오는 어머니와 마주쳤다. 조금 전에 퇴근하셨는지, 아직 외출복을 입고 계신 채였다. 별 의심 없이 방에 들어간 나는 책상 위에 책가방을 내려놓았다. 그러다가 곧바로 뛰쳐나와 물었다.

어머니는 처음엔 아니라고 잡아뗐다. 물건을 찾으러 잠깐 들어갔을 뿐이라고 거듭 말했다. 하지만 당황해하는 어머니의 변명이 길어질수록 나는 점점 확신할 수 있었다. 어머니가 미처 닫지 못한 그 서랍 속에는 내가 레오와 매일같이 나눈 이야기가 들어 있었다. 속마음이 가득 담긴 일기장은 내게 있어 가장 소중한 비밀이었다. 그래서 난 그 공책들을 책상 서랍 가장 안쪽에 잘 숨겨두고 있었다. 머리끝까지 화가 나서 처음으로 어머니에게 대들었다.

"어떻게 그러실 수가 있어요?"

그때만큼은 착실한 큰아들의 가면이 벗겨진 채 분노로 타오르는 속살이 드러났다. 어머니는 어쩔 줄 몰라 하며 오히려 목소리를 높였다.

"내가 뭘 어쨌다고 그러는 거니? 너 지금 엄마 의심하는 거야?"

그런 어머니의 태도에 난 더 화가 치밀었다.

"어떻게 그렇게 딱 잡아뗴세요? 보셨잖아요, 제 일기장. 왜 남의 사생활에 손을 대세요?"

"어머나, 얘 말하는 것 좀 봐. 엄마가 남이니?"

"그런 이야기가 아니잖아요? 일기장은⋯, 아무한테도 밝히고 싶
지 않은 제 속마음이에요. 저한테 무척 소중한 거라고요!"

잠깐 몇 장 들여다본 것뿐이라며 결국 사과했지만, 앞으로 절대
보지 않겠다는 어머니의 말을 나는 더 이상 믿을 수가 없었다. 내
일기장이 한꺼번에 들어 있는 서랍을 망설임 없이 열었던 어머니의
손길이 그 증거였다. 대체 언제부터 그런 일을 저질렀냐는 말은 내
입에서 도무지 나오질 않았다. 솔직한 대답을 듣는 순간, 난 그대
로 무너질 것만 같았다. 혼자만의 안식처가 사라졌다는 느낌이 온
몸을 사로잡았다. 어머니가 미웠다. 정말 미웠다. 나를 단단히 실
망시킨 어머니에게 더 크게 화내지 못하는 내 자신도 미웠다. 온 집
안이 떠나가도록 버럭버럭 소리를 내지르고 싶다가도, 아버지가 화
를 낼 때마다 겁에 질려 있던 어머니가 떠올라 더 이상 감정을 폭발
시킬 수가 없었다. 그 후로 한동안 일기를 쓰지 않았다.

'차라리 내가 참고 말지.'

이런 생각이 스스로를 힘겹게 만든다는 걸 아이를 키우면서 비로
소 깨닫고 있다. 상대에게 뭔가를 요구하기 보다는 불편함을 참는

모든 삶은 실수로 시작된다

것에 익숙한 성격을 큰아이가 똑같이 가진 걸 보고 나는 놀랐다. 큰아이는 그 작은 가슴에 자신의 감정을 꾹꾹 눌러 담고 있었다. 나 혼자만 그럴 땐 미처 몰랐는데, 아끼는 존재의 그런 모습이 내 마음을 아프게 했다.

'대체 어떻게 하면 표현해도 괜찮다고 알려줄 수 있을까….'

그래도 어릴 땐 감정을 솔직하게 내보이는 편이었는데, 커갈수록 나와 비슷한 성격이 자주 엿보인다. 싫어도, 속상해도 내색하지 않으려는 아이를 보면서, 그동안 솔직하지 못했던 내 자신이 후회스러웠다. 울어도 괜찮고, 화내도 괜찮다고, 그래도 엄마 아빠는 항상 널 사랑한다고 자주 말해주는 것밖에는 별다른 방법이 없었다. 그러다가 문득 떠올렸다.

'지켜봐 주자. 나도 너와 똑같았다고 솔직히 말을 건넬 기회가 있겠지.'

어쩌면 나는 조급했던 걸지도 모른다. 큰아이와 나의 어린 시절은 분명히 다른데, 감정이입을 하고 있었던 것이다. 난 그런 기회를 갖지 못했지만, 너에겐 마음을 이해해 줄 부모가 있다는 사실을 좀 더 빨리 알려주고 싶었던 것 같다.

실수 13 솔직하게 말할걸 그랬다

"어떤 말을 해도 괜찮아. 아빠가 들어줄게."

초등학교에 들어간 뒤 부쩍 수줍어하는 아이에게 요즘 내가 자주 건네는 말이다. 그러면서 나도 솔직해지는 연습을 해 보곤 한다. 언젠가 어머니와 이런 대화를 나눌 수 있으면 좋을 텐데 생각하면서.

"예전에 어머니가 제 일기장을 훔쳐보신 게 저한테는 큰 충격이었어요. 대체 왜 그러셨던 거예요?"

"미안하구나. 난 그때 네가 잘 지내는지 정말 궁금했어. 안 되는 줄 알면서도 그런 일을 저질렀단다."

"제가 그때 얼마나 속상했는지 아세요? 어머니한테 정말 실망했다고요."

"맞아, 그런 생각이 드는 게 당연하지. 나 같아도 그랬을 거야."

"제가 왜 그렇게 화를 냈는지 이해하고 계신 거예요?"

"당연하지. 궁금하면 직접 물어볼 것을, 정말 미안하구나."

"생각해 보면 저도 그땐 솔직하지 못했어요. 진즉 내 마음을 어머니한테 털어놓을걸 그랬나 봐요."

"내가 너한테 너무 큰 짐을 지웠지. 네가 원해서 큰아들로 태어난 것도 아닌데. 이제라도 맘 편히 살거라. 넌 충분히 그럴 자격이 있어."

상상하다 보니 마음이 시큰거린다. 왜 그런지 잘 모르겠다.

실수 14

진즉 제대로 다퉈볼걸 그랬다

나와 아내는 대학교 1학년 때 처음 만났다. 그때 난 부산에서 갓 올라온 새내기였다. 품안의 자식을 멀리 떠나보내기 힘들어했던 어머니는 몇 번이나 내게 당부하셨다.

"태순아, 서울 가서는 춤 같은 건 아예 돌아보지도 말고 열심히 공부해야 한다. 그래야 성공하는 거야."

신입생이 한창 들어오는 3월이면, 교문부터 이어지는 길가에 동아리를 홍보하는 전단지가 붙게 마련이었다. 그 앞을 지나면서도 난 아예 관심을 두지 않았다. 대부분의 동아리가 모여 있는 학생회

관에도 발걸음을 하지 않았다. 그러다 보니, 마주치는 사람은 같은 과 동기가 전부였다. 가끔 그 아이들과 학생식당에 가면 오가는 대화들이 늘 비슷했다.

"수능을 조금만 잘 봤으면 훨씬 좋은 대학에 갔을 텐데."

"나도 마찬가지야. 몇 문제만 더 맞췄으면…, 생각할수록 아쉬워."

"반수라도 해볼까 봐. 미련이 남아서 안 되겠어."

동기들이 이야기를 주고받을 때 난 구석에서 밥을 먹었다. 나는 그런 말들이 도통 이해가 가질 않았다. 지금도 충분한데 뭐가 그리 아쉬울까 싶었다. 그렇게 말할 수는 없으니 그저 입을 닫는 게 최선이었다.

그러던 어느 날이었다. 교양과목을 듣고 내려오는데, 어디선가 음악 소리가 들렸다. 통학로 한쪽에 작은 무대가 설치되어 있고, 그 위에서 여럿이 춤을 추고 있었다. 호기심이 일어 그쪽으로 발길을 돌렸다. 한창 구경을 하고 있는데, 등 뒤에서 익숙한 부산 말씨가 들려왔다.

"춤 좀 췄었나보네. 함 올라가 봐라."

나도 모르게 음악에 맞춰 몸을 흔들고 있었던 모양이었다. 조용한 성격이긴 해도, 춤 출 기회를 거절하는 법이 없었던 나는 그대로 무대에 올랐다.

"와, 제법이네."

나한테 무대를 권했던 선배가 탄성을 내질렀다. 먼저 춤을 췄던 선배도 흥미로운 눈길로 나를 보았다. 중학교 때부터 틈틈이 단련했던 솜씨가 빛을 발하는 순간이었다. 무대에서 내려온 뒤, 선배가 내민 입부 원서에 곧장 이름을 써넣었다. 왠지 내가 있을 자리를 찾은 느낌이었다.

그날 내가 들어간 곳은 대학 연합 댄스 동아리였다. 춤을 꽤 춘다는 이유로 1학년 남학생 반장이 되었다. 여학생 반장은 지혜라는 이름의 이웃대학 학생이었다. 처음부터 반장 둘이 이것저것 결정할 일이 많았다. 연습 장소도 확보해야 하고, 다 같이 몰려갈 음식점도 섭외해야 했다. 소품을 사거나 무대용 의상을 마련하는 것도 우리 두 사람의 몫이었다. 자연스럽게 함께하는 시간이 늘어갔다.

그때 지혜는 또래 남학생을 짝사랑하고 있었다. 그 사람한테 여자친구가 생겼다는 소문이 퍼진 날, 지혜가 나한테 하소연을 했다.

"태순아, 나 어쩌지."

실수 14 진즉 제대로 다퉈볼걸 그랬다

다른 사람 말을 들어주는 데 워낙 소질이 탁월했던 나는 지혜의 이야기가 끝낼 때까지 곁을 떠나지 않았다. 나한테도 부산에 짝사랑하던 여학생이 있었던 터라, 하소연을 들어주기에 안성맞춤이었다. 그 남학생이 여자 친구와 다정하게 길을 걷는 날이면 지혜는 으레 나한테 연락을 했다. 그런 시간이 길어지면서, 우리 둘을 바라보는 선배들의 눈이 장난스럽게 반짝이기 시작했다.

"너희 둘, 사귀는 거 맞지?"

처음엔 아니라고 펄쩍 뛰던 지혜가, 점점 아무 대답도 하지 않았다. 긍정도 부정도 아닌 태도에 선배들도, 나도 고개를 갸웃거렸다. 어느새 우리 둘은 1학년 공식 커플로 소문이 나버렸다. 그렇게 나는 지혜와 사귀는 사이가 되었다.

그 뒤로 8년 동안 우리는 함께했다. 내가 뒤늦게 군대에 갔을 때도 지혜는 무던하게 기다려 주었다. 보통 그 정도 세월이면 엄청나게 다툰다던데 우리는 거의 싸우질 않았다. 그때 나는 웬만하면 맞춰주는 쪽이었다. 별다른 주장 없이 하자는 대로 따랐다. 그러다가 그 일이 터져 버렸다.

공무원 시험에 연거푸 떨어진 뒤, 그때까지의 삶이 허무하게 느껴졌다. 나만 바라보는 부모님도, 한결같이 곁에 있는 여자 친구도 아무 소용이 없다는 생각이 들었다. 충동적으로 보험회사에 들어간 뒤, 지혜가 결혼 이야기를 꺼낼 때마다 난 신경질적으로 반응했다.

"결혼할 생각 없어. 두 분 다 내 모습에 실망하실 거야. 너도 곧 그럴 거고."

지혜는 내 말에 가만히 있을 사람이 아니었다.

"대체 왜 그러는 거야? 누가 나 호강시켜 달래? 우리가 함께한 세월이 얼만데, 엄마 아빠가 결혼 이야기 꺼내시는 것도 당연하잖아!"

고분고분 말 잘 들어주던 남자 친구가 갑자기 성질을 부리니 무척 황당했을 거다. 하지만 멈출 수가 없었다. 그동안의 삶을 돌려받고 싶다는 생각에 난 마구 쏘아댔다. 가족들과는 연을 끊겠다는 마음으로 모진 말을 쏟아냈고, 그깟 결혼 안 해도 된다는 생각으로 지혜한테 함부로 덤벼들었다. 싸움닭과 다름없던 시절이었다. 우리는 만나면 싸우고, 또 싸웠다. 원수가 따로 없었다. 그러던 어느 날이었다. 평소에 연락이 없던 아버지가 갑자기 전화를 하셨다. 그러고는 뜬금없는 이야기를 꺼내셨다.

실수 14 진즉 제대로 다퉈볼걸 그랬다

"여자 친구의 사주가 너랑 맞지 않는다더구나."

갑자기 화가 났다. 결혼을 하고 안 하고는 온전히 내 뜻이었다. 그런 말에 휘둘리고 싶지 않았다. 갑자기 정신이 번쩍 들었다. 내가 결혼을 미룬 탓에 이런 말까지 나오게 되었다는 생각이 들었다. 나는 당장 지혜를 찾아갔다.

우리가 드디어 결혼한다는 소식에 주변에서 다들 한마디씩 했다. 그 가운데 가장 자주 들었던 말이 이제는 싸울 일만 남았다는 거였다.

"원래 결혼을 앞두고 준비하러 다닐 때가 진짜 전쟁이야."
"맞아. 그때 제일 많이 다투게 되더라고."
"최근에 엄청 싸웠다며? 하하, 그건 시작일 뿐이야."

모두의 기대에도 불구하고, 우리는 더 이상 싸우지 않았다. 신기하게도 전보다 사이가 좋아졌다. 할 말 안 할 말 쏟아내며 바닥까지 내보였더니, 오히려 다툴 거리가 남아 있지 않았다.

여기저기서 열리는 결혼박람회에 둘이 자주 가서 시간을 보냈다. 결혼식장도, 예복도, 신혼여행 장소도 별다른 이견 없이 사이좋게 골랐다. 솔직히 말하면 성질을 부렸던 내 자신이 부끄러워서, 웬만하면 고개를 끄덕인 이유도 컸다. 마음껏 화를 냈더니 가슴속에 앙

금이 남지 않아서 미안함이 새록새록 올라오기 시작했다. 흐렸던 하늘이 비를 뿌린 뒤 맑게 갠 것 같은 기분이었다. 그 뒤로 결혼식까지 일사천리로 진행되었다. 그래도 주변에선 조마조마해하며 우리를 지켜보았다. 별다른 다툼 없이 큰 행사를 치러내자, 진심어린 축하가 쏟아졌다.

결혼식을 마치고 신혼여행을 떠날 때, 나는 유쾌한 추억을 남기기로 결심했다. 그래서 장소를 옮길 때마다 춤추는 영상을 찍었다. 처음엔 쑥스러워하던 아내도 나중엔 신명나게 제작에 참여했다. 처음엔 호텔방 카펫 위에서만 춤을 췄는데, 나중에는 테라스, 침대 위, 욕조 안, 바닷가 모래밭에서도 한껏 몸을 흔들었다. 심지어는 거리에서도 영상을 찍었다. 기분이 좋으니 남들 시선도 신경 쓰이지 않았다. 흥에 겨워 춤을 추는 우리 두 사람을 다들 즐겁게 바라보았다.

시간이 훌쩍 흘러서 벌써 결혼한 지 십 년째가 되었다. 결혼식을 올리고 지금까지 우리는 한 번도 다투지 않았다. 작은 말싸움도 없었다. 믿지 못하겠다는 사람도 있고, 비결이 뭐냐고 넌지시 묻는 이들도 있다. 나는 웃으며 대답한다.

"연애 막바지에 정말 죽어라 싸웠어요. 하고 싶은 말 다 하고, 머리끄덩이 잡기 직전까지 갔었어요. 그때 미련 없이 비워내서 결혼한 뒤 부딪힐 일이 없었나 봐요."

이렇게 효과가 좋을 줄 알았다면 진즉 제대로 다퉈볼걸 그랬다. 살며시 아쉬운 생각이 든다.

가끔은 내려놓을걸 그랬다

자라면서 아버지와 비슷하다는 이야기를 곧잘 듣는다. 어릴 땐 잘 몰랐는데, 커가면서 모습이 점점 닮아 가는가 보다. 고등학교 2학년 무렵이었던 것 같다. 차례를 마치고 가족들이 한데 모여 노래방에 갔다. 내가 한 곡을 부르고 나자 아버지가 놀라워하며 말씀하셨다.

"태순이 너, 노래 잘 부르는구나. 가수해도 되겠는데."

아버지는 흥이 있는 분이었다. 술이라도 한 잔 걸치고 오시는 날엔 집에서 으레 노래를 부르셨다. 기타를 치거나 하모니카를 연주

할 때도 있었다. 그래서 나를 보고 신기한 기분이 드셨던 모양이다.

지금은 별다른 불만이 없지만, 어릴 때의 나는 아버지를 미워하는 아들이었다. 사람 만나는 걸 워낙 좋아했던 아버지는 회사일이 끝나면 으레 술자리를 가졌다. 바깥에서 나눈 회포가 모자라다 싶으면 지인들을 이끌고 대문을 호기롭게 열고 들어오셨다. 그러면 어머니는 언제나처럼 큰 상을 가져다가 거실 한가운데 펼쳐 놓고 묵묵히 안주거리를 만들기 시작했다. 다음 날 일찌감치 출근을 해야 하는데도 어머니는 늦은 시각까지 술바라지를 하셨다. 상 주위에 모여 있던 손님들이 모두 떠난 뒤에야 어지러운 거실을 정리하고 잠자리에 드셨다. 어른들의 술자리는 매번 느지막이 끝났다. 기분 좋은 시간을 보내고 난 뒤 아버지의 표정은 풍류를 즐기는 호방한 선비와 다름없었다.

하지만 그 모습이 다는 아니었다. 아버지는 가끔씩 술에 엉망으로 취해 집에 돌아오시곤 했다. 그럴 때면 어머니는 평소와 달리 거칠어진 아버지를 온 힘으로 막아내야 했다. 아버지의 목소리가 집안을 채우던 기억이 아직도 생생하다. 격앙되어 주고받는 부모님의 말소리 사이에 돈이나 투자 같은 단어들이 간간히 뒤섞여 들려왔다.

그 시절 가장이라면 한번쯤 그랬듯이 아버지도 주식에 손을 대셨다. 고도 성장기의 한가운데에서 누구는 집값이 두 배로 뛰었다더라, 누구는 주식으로 큰돈을 벌었다더라 하는 이야기에 마음이 동하지 않을 사람은 없었다. 한창 자라는 두 아들이 눈앞에서 아른거리고, 가족의 빛나는 미래를 꿈꿨을 그때의 아버지가 눈에 선하다.

사람이 좋은 데다 거절을 잘 못했던 아버지는 돈을 빌려달란 부탁에도 좀처럼 매정하게 굴지 못했다. 흘러나가는 금액이 커질수록 어머니는 모질지 못한 남편을 탓했다. 많지 않은 월급으로 가족과 형제까지 부양하느라 부담이 컸던 아버지는 쌈짓돈으로 사 모은 주식이 효자 노릇을 할 거란 희망에 가슴이 부풀었을 것이다. 하지만 남들은 크게 벌었다는 주식이 아버지한테만은 가혹했고, 분위기만 잘 타면 제법 큰 수익을 거둘 수 있다던 종목은 좀처럼 돈을 가져다주지 못했다. 이런 저런 소문을 쫓아 투자에 나섰던 아버지는 번번이 쓴잔을 마셨다. 어렵게 모은 돈이 손해로 돌아올 때마다 따가운 속을 달래며 주점에서 홀로 시간을 보내곤 했다.

사회에 나가서 돈을 벌기 시작하면서 아버지의 손을 술잔으로 이끈 실망들이 어느 정도 이해가 되기 시작했다. 하지만 두렵고 미웠던 감정은 찌꺼기가 되어 마음 밑바닥에 가라앉았다. 그런 이유였을까. 오랜 시간 곁에 있어준 여자 친구에게 결혼하자는 한 마디가 좀처럼 나오지 않았다. 나는 불안했다. 성별이 같은 어른에 대한 미움을 간직한 채 어정쩡하게 가정을 이루고, 새 생명을 맞이하고, 어영부영 부모가 되는 미래가 두려웠다. 자식들 앞에 아버지로 떳

떳하게 서 있는 내 모습이 좀처럼 그려지질 않았다.

부모란 아이들에게 튼튼한 벽과 지붕이 되어주어야 한다고 내내 생각했다. 아버지를 미워했던 마음의 크기만큼 티 한 점 없이 완전 무결한 어른을 나는 꿈꾸었다. 성인군자 같은 고매한 정신에 태권브이처럼 강인한 신체, 그런 가장의 모습이 머릿속에 자리 잡고 있었던 것 같다. 아버지도 자식과 같이 일평생 성장하는 존재라는 걸 한참이 지난 뒤에야 나는 알았다.

아버지에게 얽혀있던 감정이 옅어진 건 결혼을 하고 몇 년이 지난 뒤였다. 뒤집기를 하고 있는 아이를 보며 문득 이런 생각이 들었다.

'나는 서른이 넘어서야 자식 한 명이 생겼는데, 아버지는 지금 내 나이에 벌써 두 아이를 책임지고 계셨겠구나.'

마음이란 게 참 신기해서, 상대와 같은 처지에 놓이는 순간 깊었던 증오도 눈 녹듯 스르르 사라지곤 한다. 내가 그랬다. 그렇게 오랫동안 끈적끈적 달라붙어 있던 미움이 갓 태어난 나를 안아들었을 20대의 아버지를 떠올리자 거짓말처럼 자취를 감추었다.

공부 머리가 뛰어났던 아버지는 가난한 시골 동네에서도 학업을 놓지 않으셨다. 중학교만 졸업하면 돈을 벌러 나섰던 시절에 아버지는 힘겹게 고등학교에 진학했고, 졸업한 뒤 공기업에 취직했다.

어린 시절을 함께했던 친구들 사이에서는 나름 성공한 인생이었던 셈이다. 중매로 만난 어머니와 스물여섯 되던 해에 결혼을 했으니, 두 번째 자식이 태어났을 때 아버지는 스물여덟이었다. 내가 미래를 한창 고민하던 나이에 아버지는 이미 가장의 무게를 양 어깨에 짊어지고 있었던 것이다.

우리가 살던 마을은 중심가에서 한참 떨어진 곳이라, 차를 타고 제법 달려야 일터에 도착할 수 있었다. 그래서 아버지는 새벽같이 집을 나섰다. 여름엔 그나마 나았지만, 겨울엔 여전히 하늘이 캄캄할 시각이었다. 어릴 때였다. 코끝이 시려서 잠에서 깨어난 날이 있었다. 실눈을 뜨고 창밖을 쳐다보니 새카만 하늘에 별이 점점이 떠 있었다. 이불 속으로 막 파고드는데, 배웅하는 어머니와 출근하는 아버지의 목소리가 들려왔던 기억이 난다.

아버지의 부지런함은 주말에도 여전했다. 집 근처에 작은 밭이 있었는데, 소일거리로 가꾸는 텃밭이라고 해도 크기가 작지 않았다. 당시는 주 5일 근무가 정착되기 이전이라, 아버지의 주말은 토요일 오후에 비로소 시작되었다. 귀찮을 만도 한데, 퇴근한 뒤 아버지는 밀짚모자를 쓰고 으레 밭으로 향했다. 일요일에도 아버지는 일찌감치 밭일을 시작했다.

그런 아버지한테 유일한 취미가 있었다. 바로 운전이었다. 차 몰기를 즐기지 않는 나와 달리, 아버지는 가족과 함께 여행 떠나는 걸

실수 15 가끔은 내려놓을걸 그랬다

좋아했다. 한번은 자동차 뒤쪽에 텐트를 싣고 남이섬에 갔던 적이 있다. 부산에서 남이섬까지는 자동차로 대여섯 시간을 꼬박 달려야 닿을 수 있는 거리였다. 휴가 첫날, 아버지는 새벽같이 가족들을 깨워 차에 태웠다. 동생과 내가 기진맥진해졌을 무렵, 우리는 드디어 남이섬에 도착했다. 아버지는 경치 좋은 물가를 골라 가지고 온 텐트를 쳤다. 날이 어째 꾸물꾸물하다는 어머니의 염려에도 아랑곳없이 늦은 저녁 식사를 마친 뒤 온 가족이 좁은 텐트 안에 누웠다. 불편한 잠자리에 꼼지락대다가 고단한 나머지 까무룩 잠이 들었는데, 새벽이 될 무렵 다급한 아버지의 외침에 설핏 깨어났다. 정신을 차리고 보니, 억수같이 쏟아지는 비가 텐트를 마구 두드리고 있었다. 바닥에는 어느새 물이 차올라 물에 빠진 생쥐처럼 온몸이 흠뻑 젖어 있었고, 바깥으로 나가 보니 계곡물이 불어나 텐트가 거의 떠내려갈 지경이었다. 아무것도 챙기지 못한 채 겨우 몸만 빠져나온 나와 동생은 부모님의 손을 잡고 급히 걸음을 옮겼다. 차는 다행히 높은 곳에 세워두어서, 비를 뚫고 밤새 달린 끝에 겨우 집에 돌아올 수 있었다.

명절이나 연휴 기간에 시간을 내어 부모님 댁을 찾아가면, 손자들이 눈앞에서 노는 모습을 가만히 지켜보는 아버지를 발견하게 된다. 반가운 티를 일부러 내진 않지만, 눈에 띄게 따스해진 분위기가 물씬 풍긴다. 새카맣던 머리에 서리가 내려앉고, 이제는 할아버지로 불리게 된 아버지의 옆모습을 곁에서 말없이 쳐다본다. 그렇게 한가로운 시간을 보내는가 싶으면, 어느새 아버지는 밀짚모자를 집어 든다. 예전에 살던 동네를 떠난 지 한참 되었는데도, 아버지는 마당 한구석에 텃밭을 만들어 여전히 뭔가를 가꾸고 계신다. 아내가 농담처럼 가끔 내게 이야기한다.

"당신이 손에서 일을 놓지 못하는 걸 보면 아버님 모습이 저절로 떠올라요. 유전자는 어쩌지 못하나 봐요."

어쩌면 젊은 시절의 아버지에겐 텃밭에서 보내는 시간이 일주일 중 가장 마음 편한 때가 아니었을까 하는 생각이 든다. 아버지를 떠올리며 힘겹게 다가왔던 감정은 몽땅 사라지고 없지만, 오랫동안 나를 짓눌렀던 마음의 무게는 흔적처럼 몸 한구석에 남아 있다. 속상함이 커도 가끔은 내려놓고 숨 돌릴 틈을 찾았으면 좋았으련만, 고지식할 만큼 성실했던 아버지의 한결같음이 내게 고스란히 옮겨왔던 모양이다. 이제라도 아버지를 바라보는 시선이 편안해져서 정말 다행이다.

실수 15 가끔은 내려놓을걸 그랬다

진즉 집에 머물걸 그랬다

아내의 걱정은 끝이 없다.

"애들이 아침에 왜 이렇게 못 일어나는지 모르겠어요."

"이제 그만 자야 할 텐데, 왜 자꾸 눕지 않겠다고 하는지…."

"골고루 안 먹으면 한창 자랄 때 영양이 부족할 텐데, 어쩌려고 저렇게 입이 짧은지…."

"저 완벽주의 성향은 아무래도 아빠를 닮은 것 같아요. 가끔은 대충 해도 상관없는데…."

그런 아내에 비하면 난 제법 느긋한 편이다.

"아이들이 침대에서 버티는 게 당연하지. 어른인 나도 그러는데."

"안달하지 않아도 곧 잠들 거야. 시계만 쳐다보면 당신만 더 속상해."

"차츰 해결될 거야. 아는 만큼 먹는 욕심도 늘잖아. 아직 어리니까 골고루 먹으라고 너무 스트레스 주지 마."

"맞아. 나도 그랬어. 잠시 기다려 주자. 뭐든 완벽하게 해내고 싶어 할 땐 빨리 하라고 채근하면 오히려 여유가 없어지거든."

이런 상황이다 보니, 집에서 아내는 아이들을 재촉하는 쪽, 나는 기다려 주는 쪽으로 역할이 나뉜다. 사실 나는 '생활에서 살아남기'면에서는 소질이 부족한 편이다. 아내가 운전도 잘하고, 돈 관리나 세금 문제도 앞서간다. 사실 부부의 성향이란 고정된 게 아니라서, 만약 아내가 헐렁했다면 나는 깐깐한 남편 역할을 도맡아야 했을지도 모른다. 아내가 매사에 똑 부러지는 모습을 보여주니 나는 마음 놓고 성격 좋은 아빠 노릇을 해내고 있다.

내가 일찌감치 집에 머물며 아이들과 길게 시간을 보내기로 결심한 건 누구나 부러워할만한 돈과 지위를 가진 사람들을 여럿 만난 뒤부터였다. 공교롭게도 그런 이들 가운데 열에 여덟은 가정 상황이 좋지 않았다. 어떤 사람은 아내와의 불화로, 또 어떤 사람은 자식과의 다툼으로 곪아가고 있었다.

"신 대표, 들어본 적 있지? 하루하루가 지옥이라고. 내가 딱 그
래. 낮에 일할 땐 그래도 괜찮아. 결재 서류에 사인을 하고, 임원진
들과 회의를 하면 다른 생각은 할 겨를이 없으니까. 그런데 해가 지
고 퇴근할 시간이 다가오면 마음이 불안해져. 남들은 집이 쉴 곳이
라고 하던데, 난 아니거든. 대문 앞에 서면 겁부터 나. 오늘은 또
어떤 난리를 겪을까 싶어서. 어떻게든 시간을 늦춰보려고 술 약속
도 잡고, 친구도 만나보지만 그것도 하루 이틀이지. 매일 그럴 수
는 없는 노릇이잖아."

왜 이런 지경에 이르렀을까 생각해 보면 돈이 불어나는 재미에
빠져 아내와 자식을 내버려둔 게 원인인 것 같다고 했다.

"그때는 말이야, 식구들한테 돈만 건네면 모든 게 해결되는 줄 알
았어. 자만했던 거지. 삐걱대고 있다는 걸 눈치채면서도, 일부러
모른척했어. 남들보다 잘살게 해주는데 뭐가 문제냐고 우기면서 말
이지. 그런데 말이야, 호텔 레스토랑에서 삼십만 원짜리 스테이크
를 썰어도, 동네 국밥집에서 팔천 원짜리 순대국을 먹어도 배부른
건 똑같더라고. 비싼 걸 먹을 때 잠깐 으쓱한 거, 그게 다야. 그걸
너무 늦게 깨달은 거지. 아이들이 한창 자랄 때 문제가 생기면 윽

박부터 질렀어. 애가 주눅이 들어서 내 앞에 섰는데, 집안 망신 시킨다며 목소리를 높였지. 아이가 무슨 생각을 하는지, 진짜 문제는 뭔지 한 시간만 이야기를 나눴어도 좋았을 텐데, 왜 나한테까지 그런 말이 들리게 하느냐며 짜증을 냈어. 이 나이가 되고 보니, 아내고 자식이고 남들보다 데면데면해. 지금 와서 후회해도 소용이 없지만, 피눈물을 흘리면서 생각하곤 해. 아이들이 한창 어릴 때, 아내가 나를 필요로 할 때 진즉 곁에 있어 줄걸 하고 말이야."

누군가는 조금 일찍, 누군가는 조금 늦게 깨달을 뿐, 후회하는 말들은 다들 비슷했다. 나는 조용히 귀를 기울였고, 그러면서 생각했다. 두 아이가 어릴 때 함께 할 시간을 더 만들어 봐야겠다고 말이다.

지금은 정해둔 시간까지 일하는 데 익숙해졌지만, 나한테도 여기까지 오는 길은 모험이었다. 먼저 해 본 사람이 있다면 쫓아가서 묻기라도 했을 텐데, 내가 맘먹은 아빠의 삶은 다들 말리는 길이었다. 바깥일을 줄이고 집에서 머무는 시간을 늘리겠다는 내 말에 사람들은 하나같이 염려했다. 한창때 그렇게 허송세월을 하면 분명 후회할 거라고 말이다. 공부에도 때가 있듯이, 사회생활을 할 수 있는 시기도 정해져 있다는 게 모두의 생각이었다. 사실 나도 망설였다.

'일과 가정을 동시에 지키는 건 너무 큰 욕심일지도 몰라. 남들이 가지 않는 길이라면 이유가 있을 텐데, 이러다가 죽도 밥도 안 되는 건 아닐까? 혹시 능력 없는 아빠라고 자식들한테 원망을 들으면 어쩌지?'

가끔 그런 생각이 든다. 돈보다는 가정이 소중하다는 말이 어쩌면 넘치게 가진 사람들의 푸념일 수도 있겠다고 말이다. 평일에는 회사에 출근하고, 주말에는 아이들과 놀아주는 삶이 안전하다는 사실도 알고 있다. 대출을 끼고 상가를 사 두면 월세를 받을 수 있다는 말에 덜컥 부동산 사기를 당한 것도 매달 꾸준히 들어오는 돈에 끌려서였다.

집에 있는 아빠가 되겠다고 결심한 게 벌써 팔 년 전 일이다. 술자리를 갖지 않고, 코칭도 요일을 정해서 한다는 걸 이제는 다들 알고 있다. 하지만 처음부터 이 모든 걸 계획한 건 아니었다. 바쁘게 움직이는 세상보다 조금 느리게 살아보겠다고 결심한 것, 그게 시작이었다. 나머지는 눈앞에 닥친 일을 하나하나 해 나가며 오늘날에 이르렀다. 아이들과 함께하는 시간도 마찬가지다. 아침이면 데려다주고, 오후에는 놀이터에서 함께 놀며 하루하루를 채워나간다. 별다른 기대 없이 말이다.

내게도 아빠 노릇에 대한 환상을 키우던 시기가 있었다. 준비된 아빠가 되기 위해 노력도 제법 했다. 태어날 아기를 위해 육아 서적도 들여다보고, 상담도 받았다. 부모 교육에 참가하기도 했다. 하지만 이론과 현실은 다르다는 걸 새삼 깨닫고 있다. 아빠라고 마냥 즐거울 수 있는 건 아니니 말이다.

자식들과 긴 시간을 보내다 보면 당연히 감정이 상할 때가 있다. 비교적 느긋한 성격인 나도 두 아이와 씨름하다가 욱 하고 성질이 올라올 때가 많다. 그럴 때면 화도 내고 평소보다 목소리도 높아진다. 다행인 건 아이들과 이야기를 나눌 겨를이 많다는 거다. 가깝게 붙어 있으니 티격태격할 일이 잦지만, 솔직하게 사과할 기회도 많다. 주변 사람들이 가끔 묻는다.

"애들이랑 어떻게 하면 잘 지낼 수 있나요? 주말 이틀 놀아주는 동안에도 화가 불끈불끈 올라와요. 내 성질에 못 이겨 소리를 지르면 아내가 곧바로 한소리 해요. 뭘 그런 것도 못 참느냐고 하면서."

그럴 때면 난 아무렇지 않게 대답을 한다.

"저도 그래요."
"무슨 말씀을. 신태순 대표님은 좋은 아빠잖아요."

나도 똑같다고 말해도 좀처럼 믿지 않는 눈치다. 그럴 땐 웃고 만다. 아이들과 편하게 지내는 방법을 언젠가 깨닫게 될 거라 여기며 말이다.

숙제를 해치우느라 아내와 아이들이 한바탕 씨름을 한 뒤, 시무룩해진 두 아이를 끌어당겨 소파에서 뒹굴기 시작한다. 그러다 보면 쿠션 아래에서 붕붕대는 소리가 들린다. 작은 아이가 깔깔 웃으며 말한다.

"아빠 휴대폰이 또 여기에 있어요."

난 그걸 반대쪽에 던져두고 다시 아이들을 향해 달려든다. 웬만한 건 이메일로 소통하고, 강의 자료는 대부분 온라인에 올려놓았더니 급하게 연락을 주고받을 필요가 없다. 나중에 아이들이 대학생쯤 되었을 때 이런 말을 할지도 모르겠다.

"이번엔 전화 통화를 성공해야 할 텐데. 아빠랑 연락하기가 쉽지 않단 말이야. 저녁에 집에 가면 만날 수 있겠지?"

그런 상상을 하며, 아직 더 놀고 싶어 하는 두 아이를 양팔에 번쩍 안아 든다. 따뜻한 물이 반쯤 담긴 욕조에서 신나게 목욕하고 슬슬 재울 준비를 하려고 말이다.

괜찮은 척하지 말 걸 그랬다

예전에 내가 썼던 글이다.

"용서는 위대하고 강력하다. 하지만 그게 용서를 강요해도 된다는 뜻은 아니다. 어딜 가든 용서하라는 말이 자주 들려온다. 하지만 억지로 용서를 위해 나서는 건 우리를 매우 불편하게 만든다. 그런 말을 듣고 기꺼이 상대를 용서할 수 있다면, 이미 그 일에 익숙한 사람이다. 만약 내가 그런 사람이 아니라면, 용서를 하는 것에도 단계가 필요하다. 어렵진 않다. 그저 상식과 달라서 실천에 나서기 전 조금 망설이게 되는 것뿐이다.

용서의 첫 단계는 섣불리 용서하지 않는 것이다. 자신에게 피해를 끼친 상대를 무턱대고 미워해 보는 자세가 필요하다. 용서하지 말고 철저하게 미워해 보는 것, 그것이 오히려 용서의 시작이다.

상대를 미워하면 보통 두 가지 상황이 벌어진다. 하나는 그 사람이 생각보다 잘 사는 것이다. 내 마음은 온통 지옥인데, 상대는 아랑곳하지 않으니 속이 타들어 간다. 또 다른 상황은 미워하는 상대가 내 뜻대로 되는 것이다. 파산을 하고, 감옥에 갇히고, 병을 얻거나 이혼을 한다. 처음엔 통쾌할 수 있다. 하지만 그 기분은 오래가지 않는다. 여기서 기억해두어야 할 것은 그 사람이 잘살든 못살든 남에게 해를 끼친 이들은 결국 스스로 만든 감옥에 갇힌다는 것이다.

용서하지 않는 것에서 용서가 시작된다는 것이 그런 이유에서다. 작정하고 미워하던 사람이 스스로 몰락하는 것을 보면서, 에너지를 써가며 상대를 경멸하는 데 썼던 시간이 아깝게 느껴진다. 보통 이런 일은 한 번으로 끝나지 않는다. 비슷한 일이 생기면 또 제대로 미워해 보자. 얼마 지나지 않아 다시 후회가 밀려올 것이다. 그래도 상관없다. 이런 일을 반복하다 보면 어느 날 알게 된다. 내 안에 독이 쌓이고 있다는 것을.

누군가를 미워한 뒤 용서하지 않으면 고인 감정이 썩어서 나를 해치는 독이 되어버린다. 마음이 온통 독으로 가득 차면 용서를 떠올리기가 힘이 든다. 그때부터는 괴로움뿐이다. 새카매진 마음에는 증오만 남는다. 다행스럽게도 독이 충분히 쌓이기 전까지는 기회가 있다. 용서하기 전에 충분히 미워할 시간을 가져 봐야 하는 것이 바로 그런 이유에서다. 독이 주는 고통을 일일이 느껴봐야 용서의 대단함도 깨달을 수 있기 때문이다.

용서는 나를 위해 하는 것이다. 이 사실을 알아야 제대로 용서할 수 있다. 하지만 내키지 않는 용서를 억지로 하면 독은 여전히 마음에 머문다. 그러다가 독이 한계치를 넘어서면 이유도 모른 채 삶이 괴로워진다. 이 글을 보는 누군가가 마음을 좀먹는 독 때문에 힘겨워하고 있다면 일단 용서를 멈추자. 실컷 미워해 보고, 독이 주는 고통을 알아채 보자. 무조건 용서하라는 충고는 무시하자. 용서는 오직 내 선택에 달려 있다. 충분히 미워한 뒤 용서해도 늦지 않다. 그래야 제대로 된 용서를 해낼 수 있다. 용서는 타협의 대상이 아니다. 그냥 내려놓으라는 말, 용서하면 괜찮아질 거라는 말에 더 이상 휘둘리지 말자."

나를 따르던 청년이 있었다. 내가 그리 유명하지 않던 시절, 강연을 듣게 된 청년은 곧바로 나를 찾아왔다. 당장 제자가 되겠다고 졸랐다. 나는 감격했다. 그 뒤로 자주 그 청년과 만나서 이야기를 주고받았다. 똑똑한 청년은 금세 내 말을 이해했고, 기특하게 여긴 나는 많은 것을 가르쳐주었다. 그러던 어느 날이었다. 내가 만든 교재가 바깥에서 비싼 값에 팔리고 있다는 말을 들었다. 의아한 일이었다. 그 교재는 내부용으로, 홈페이지에 등록된 유료 회원을 위해 내가 밤을 새워가며 만든 것이었다. 범인이 그 청년이라는 말에 처음엔 오해일 거라고 생각했다. 그렇게 착실한 청년이 그런 행동을 할 리 없었다. 하지만 교재 판매로 큰돈을 벌어들인 청년은 생각지도 못한 일을 벌였다. 내가 하지 않은 말과 행동을 직접 겪은 것처럼 말하며 나를 나쁜 사람으로 몰아갔다. 자신에 대한 비난을 미리 차단하기 위해서였다. 누군가는 그 청년을 고소하라고 했고, 누군가는 그냥 용서하라고 했다. 난 아무것도 하지 않았다. 한참 뒤, 그 청년의 소식이 들려왔다. 나한테 했던 것과 똑같은 일을 자신도 당했다고 했다. 그 청년을 스승으로 모시겠다고 찾아온 대학생이 벌인 일이었다. 그 청년의 마음이 이래저래 시끄러울 것 같다고 나는 문득 생각했다.

학창시절 내 마음에는 가느다란 실금이 가있었다. 그때 나는 무조건 괜찮다고 말하는 게 습관이었다. 학교에서 속상한 일이 있어도 집에서는 표 내지 않았다. 그게 분주한 어머니를 위하는 길이라고 나는 생각했다.

어머니는 아침에 출근하면 오후 늦은 시각에야 퇴근을 했다. 찬거리를 다듬어 식사 준비를 하고, 저녁밥을 먹은 뒤엔 설거지와 빨래를 하며 남은 시간을 보냈다. 주말에는 밀린 집안일을 해치우느라 하루해가 다 가곤 했다. 그래서 나는 꼭 필요한 일이 아니면 굳이 말을 걸지 않았다. 얌전하고 성적 좋은 큰아들에게 어머니는 별다른 불만이 없었다. 그러던 어느 날이었다.

"태순아, 야무지게 살아야 한다. 물렁하면 손해만 보는 거야. 넌 우리 집 장남이야. 남들이 무시하지 못하도록 열심히 공부해야 해. 엄마는 너만 믿는다."

어머니가 갑자기 이런 말을 꺼냈다. 며칠 전에 부모님이 돈 문제로 목소리를 높인 일이 떠올랐다. 주변의 부탁에 아버지가 또 돈을 빌려주신 모양이었다. 없는 살림에 남까지 걱정하는 아버지를 어머니는 내심 못마땅해 하셨다. 그런 반응에 아버지는 일일이 화를 내셨고, 늘 다툼이 끊이질 않았다. 자존심 강한 아버지는 굽히는 법이 없었고, 어머니의 마음속엔 원망이 쌓여갔다.

어머니는 명석한 분이었다. 딸이라는 이유로 원하는 공부를 마치지 못해 마음속에 한이 있었다. 그래서인지 두 아들이 좋은 대학을 졸업하고 번듯한 직장에 들어가는 걸 평생의 꿈으로 삼고 계셨다. 감정 안테나가 민감한 나는 그런 소망을 비교적 일찌감치 알아차렸다. 그래서 철이 든 이후부터는 어머니 앞에서 의젓한 모습을 연기하기 위해 애썼다.

실수 17 괜찮은 척하지 말 걸 그랬다

"어휴, 그 집 큰아들은 어쩜 그리 차분해요. 중학생이란 게 믿기질 않는다니까요. 우리 애랑은 하늘과 땅 차이예요."

"공부도 그렇게 잘한다면서요? 태순이 어머니는 부러울 게 없겠어요. 애 표정 좀 봐. 어른이네, 어른."

주변에서 이렇게들 말하면 어머니의 얼굴이 밝아졌다.

"우리 태순이가 워낙 진중해서요. 장남이라 그런가 봐요."

어머니는 환하게 웃으며 내 손을 잡았다. 어른들이 주고받는 이야기를 나는 잘 기억해두었다. 자랑스러운 큰아들의 이미지가 쌓여갈수록 내 얼굴에선 표정이 사라졌다. 그런 내 변화를 어머니는 눈치채지 못했다. 공부도 마찬가지였다. 힘겨웠지만 당연히 해야 하는 효도라고 여겼다. 그런 내 생각을 두고 누군가는 이렇게 말할지도 모른다.

"덕분에 성적이 올랐으니, 어쨌거나 본인한테 좋은 일 아닌가?"

그때는 나도 어렴풋하게나마 그렇게 여겼다. 하지만 목적을 위한 공부는 마음에 생채기를 남겼다. 성적표를 내밀 때만큼은 두 분의 사이가 평화로웠다. 부모님의 사이를 미약하게나마 지탱하는 유일한 접착제가 좋은 성적이라고 난 믿었다. 하지만 그 믿음은 시험 때마다 날 얼어붙게 만들었다. 항상 머리가 무거웠고, 밤마다 쉽게 잠들지 못했다. 그렇게 속이 시끄러운데도, 겉으로는 아닌 척했다. 그러면서 점점 표정이 굳어갔다.

"우리 큰아들, 별 일 없는 거지?"

어머니가 물으실 때마다 나는 얼른 고개를 끄덕였다. 물론 그렇지 않을 때가 많았다. 하지만 감추는 게 최선이었다. 어머니는 가족을 위해 바쁜 생활을 이어가고 계셨다. 걱정을 끼치고 싶지 않았다. 하지만 마음에 생긴 실금이 점점 벌어지는 걸 막을 순 없었다.

내가 용서에 관한 글을 쓴 건 자신의 감정을 들여다볼 기회를 자주 가져야 한다는 걸 깨달았기 때문이다. 괜찮다고 쉽게 대답하던 내 습관은 남들과의 관계에서도 섣부른 용서와 잦은 후회를 반복하게 만들었다. 요즘도 나한테 가끔 이런 말을 하는 사람들이 있다.

"신태순 대표님은 말이 없을 때 어쩐지 표정이 무서워요."

가만히 있으면 익숙한 무표정이 떠오르는 모양이다. 울고, 웃고, 화내고, 속상해하는 감정들이 나를 건강하게 만든다는 걸 잘 알고

실수 17 괜찮은 척하지 말 걸 그랬다

있는데도 곳곳에 남아 있는 예전의 흔적이 불쑥불쑥 바깥으로 튀어나온다.

"힘들 땐 힘들다고 말해도 돼. 무조건 괜찮다고 할 필요 없어."

요즘 내가 아이들한테 자주 들려주는 말이다. 그러면 알겠다는 듯 고개를 크게 끄덕이곤 한다. 뭐든 참아내려는 첫째도, 부쩍 자기주장이 강해진 둘째도, 언제까지나 다채로운 표정으로 세상을 대할 수 있으면 좋겠다.

더 말하고 더 들을걸 그랬다

이심전심이라는 말만큼 쓸모없는 단어도 없는 것 같다. 가족들 사이에선 특히 그렇다.

'굳이 말 안 해도 내 마음을 알겠지.'

예전엔 그렇게 여기며 하루를 보냈다. 그런 생각을 고쳐먹은 건 아이들과 말을 주고받게 되면서부터다. 어릴 때는 눈치로 기분을 짐작할 수밖에 없었다. 울음소리가 들리면 일단 기저귀부터 살피고, 배고플 때인가 싶어 시계도 보고, 더울까 봐 양말도 벗기고, 유모차에 앉혀서 산책에 나서기도 했다. 하나라도 맞아들면 다행이지만, 대부분은 고 작은 입에서 터져 나오는 울음을 가만히 지켜볼 수밖에 없었다. 나는 생각했다.

'말할 수 있으면 얼마나 좋을까. 그러면 당장 물어볼 텐데.'

말이 트인 다음에도 한동안은 의사소통이 쉽지 않았다. 한 단어로 많은 것을 표현하는 유아어의 범용성 탓에 종종 땀을 흘렸다. "싫어!"를 반복하는 아이 앞에서 이 장난감 저 장난감 보여주며 시간이 갔다. 이제 좀 말이 통하는구나 싶었던 건 세 살 무렵이 되어서였다. 도리질 반, 대답 반으로 꿋꿋하게 버티던 큰아이는 원래부터 그랬다는 듯 유려한 발음으로 음식 이름을 말하기 시작했다. 말이 늦을까 봐 걱정했던 시간들을 고스란히 날려버릴 기세로 말이다. 막상 대화를 시작해 보니 신세계가 따로 없었다. 그때 나는 깨달았다.

'저 조그마한 머릿속에도 온갖 생각이 들어 있구나.'

어떨 땐 이야기가 생각지도 못한 방향으로 흘러갔다.

"그림 그리기 싫어."

이 말을 들었을 때, 나는 당황했다. 엉덩이가 무거운 큰아이는 복잡한 그림을 제법 진득하게 그려내곤 했다. 당연히 미술을 좋아하는 줄 알았다.

"재미가 없단 말이야."

이유를 듣고 나서 가만히 지켜보니, 몰랐던 사실이 눈에 들어왔다. 뭔가 새로운 걸 그리는 것보다 빈칸을 꼼꼼하게 색칠하는 걸 큰아이는 훨씬 좋아했다. 태어날 때부터 함께 지냈지만 미처 눈치채지 못했다.

아버지를 모시고 식사를 하러 갔을 때였다. 그득하게 놓인 반찬 가운데 유독 손을 안 대시는 음식이 있었다.

"괜찮다."

그릇을 가깝게 놓아드렸을 때 나직하게 하시는 말씀을 듣고, 아버지도 가리는 게 있다는 걸 깨달았다. 밥상 앞에서 워낙 말씀이 없으신 편이라, 아버지는 뭐든 잘 드시는 줄 알았다.
사실 나도 즐기지 않는 음식이 있는데, 어머니는 잘 모르신다. 부모님 댁을 찾을 때마다 어머니는 말씀하신다.

"어서 먹어라. 맛있는 거 많이 차려놨다."

그러면서 식탁 위에 한결같은 특별 메뉴가 올라온다. 단골 횟집에서 야심차게 주문하신 생선회다. 예전부터 바닷가에 살았던 데다 부모님 두 분 다 생선을 즐겨 드셔서 나도 당연히 그럴 거라 믿고 계신 모양이다. 하지만 나는 날음식을 좋아하지 않는다. 회보다는 국물 요리를 좋아하고, 생선보다는 고기가 더 입맛에 맞는다. 더운 여름에도 시원한 식당에서 뜨끈한 쌀국수를 먹는 게 속이 편하다. 아내가 생선회를 즐기는 편이라 우리 앞에 가득 놓인 광어회가 줄어들긴 하지만, 부모님 댁 냉장고에 놓여 있는 횟집 상자를 볼 때마다 영 심란하다.

"한번 말씀드려 보지 그래요? 그래도 신기하긴 해요. 바닷가에서 컸잖아요. 그런데 왜 생선을 싫어해요?"

이런 아내의 말에 나는 당당하게 대답하곤 한다. 자란 곳이 무슨 대수냐고. 젖소가 수십 마리인 목장에서 컸는데 유당 불내증 탓에 우유를 못 마시는 친구 이야기를 떠올리면서 말이다. 어머니한테 말씀을 드리긴 해야 하는데, 자꾸 망설여진다. 타이밍을 한번 놓치고 나니 뒤늦게 말하기가 쑥스럽다. 가족 사이의 오해는 일부러 꺼내야 풀리는데 말이다. 어색한 내 심정을 아는지 아내도 재촉하진 않는다. 다행이다.

작은아이가 어린이집에 들어간 뒤부터 부쩍 수다스러워진 걸 보면서 이것저것 이야기를 많이 들어줘야겠구나 싶다. 호기심이 많고 말보다 발이 더 빠른 작은아이는 놀이터에 가면 쉬지 않고 미끄럼틀을 오르내린다. 그러다가 또래 친구를 만나면 스스럼없이 함께 놀기 시작한다.

"잘 가. 다음에 또 놀자!"

열심히 손을 흔들며 돌아서는 아이에게 슬쩍 물어본다.

"어린이집에 같이 다니는 친구야?"
"아니, 오늘 여기서 처음 만났어."
"정말? 우와, 대단하다."

내가 감탄을 하면 아이는 기분 좋은 표정을 짓는다. 어릴 때 낯을 많이 가렸던 나는 친구를 사귀는 데 서툴렀는데, 선뜻 다른 아이한테 말을 거는 모습이 멋져 보여서 슬쩍 다시 묻는다.

"처음에 말 걸 때 두근두근하진 않았어?"

"아니. 그냥 같이 놀자고 했더니 알겠다고 했어."

그러면서 집에 도착할 때까지 그 아이와 나눴던 이야기를 두런두런 내게 들려준다. 나도 덩달아 신이 나서 열심히 귀를 기울인다. 그날 밤에 아내에게 그 이야기를 해줬더니, 작은아이의 친구 숫자가 하루가 다르게 늘겠다며 웃었다. 그러다가 문득 내게 물었다.

"맞다, 큰아이 말이에요, 어떻게 할까요?"

듣고 보니, 얼마 전에 시작한 미술 수업 이야기였다.

"가자고 할 땐 내키지 않는 표정이면서, 막상 데리러 가면 자리에서 제일 늦게 일어나네요. 계속 보내도 괜찮을지 고민이 되어서요."

예전 같으면 우리 둘이 한참 이야기를 주고받으며 아이의 마음을 헤아리려 애썼을 게다. 그만 걱정하고 내일 직접 물어보자고 아내에게 말했다. 미루어 짐작하는 것보다 그 편이 나을 것 같았다.

"좀 더 해 보겠다네요. 천천히 그려도 된다고 선생님이 말씀하셨대요. 그림 그리는 게 힘들긴 하지만, 끝까지 완성하는 건 기분이 좋대요. 직접 물어보길 잘 한 것 같아요."

　역시 가족끼리도 터놓고 말해야 더 잘 알게 되는 것 같다. 더 말하고 더 듣는 게 무조건 좋다. 눈치로 넘겨짚으면 자꾸 오해만 쌓인다. 다음 달에도 부모님 댁에 가게 될 것 같다. 주문하는 생선회 양을 이젠 좀 줄여도 될 것 같다고 넌지시 말씀드려 봐야겠다.

좀 더 활짝 웃을걸 그랬다

"오늘은 햄버거."

내가 던진 말에 아내가 웬일이야 하는 표정으로 나를 쳐다본다. 한 지붕 아래에서 일을 하지만, 아내와 나는 주로 다른 공간에서 머문다. 그러다가 점심시간이 되면 함께 밥을 먹으러 나간다. 이게 우리의 작은 데이트다. 그런데 메뉴를 고르는 일은 주로 아내 차지다. 난 좀처럼 선택을 하지 않는다. 아니다. 어쩌면 선택에 익숙하지 않다고 보는 편이 나을 것 같다.

어머니는 예전부터 자식한테 지극정성인 분이었다. 나와 동생의 학교생활에도 관심이 많았고, 혹여 준비물을 놓고 가서 수업 시간에 곤란을 겪을까 봐 매번 마음을 졸이셨다. 얼마 전 초등학교에 다니는 큰아이의 준비물을 따로 챙겨줄 필요가 없다는 사실을 알고 신기해했던 기억이 난다. 내가 어릴 때는 그렇지 않았다. 담임선생님이 매일같이 다음 날 챙겨올 준비물을 칠판에 써주셨다. 기록장에 적어오긴 했지만, 그걸 책가방에 넣는 건 내가 아니었다. 바쁘신 와중에도 어머니는 앞장서서 물건을 준비해주셨다.

"화요일은 미술시간이 있는 날 아니니? 가만있자, 뭘 챙겨야 하나? 아, 수채화를 그리는구나. 그럼 물감을 챙겨야겠네."

어머니는 동생과 나의 기록장을 훑어보시곤 다음 날 준비물을 하나하나 체크하셨다. 그러다 보면 문방구에 갈 일도 종종 생겼다.

"내일 수학 시간에 각도기가 필요하다는 구나. 어서 다녀와라. 등교할 때 사려면 문방구가 붐빌 거야. 암, 미리 챙기는 게 제일이지."
"붓이 벌써 망가졌네. 이런, 어쩌지? 먹물도 떨어져가니까 함께 사두는 게 좋겠다. 이 돈 가져가라. 문방구 아직 안 닫았을 거다."

평소엔 십 원짜리 동전 하나도 소중하게 여기시는 분이 학교에 관한 일이라면 언제나 선뜻 지갑을 여셨다. 나와 동생이 학창시절을 무난하게 보내는 게 어머니한테는 큰 기쁨이었던 것 같다. 책가

실수 19 좀 더 활짝 웃을걸 그랬다

방을 챙기는 일이 어머니의 몫이 되니 나는 저절로 그런 일에 둔감해졌다. 자연스레 선택도 어머니에게 맡겼다. 모나미 볼펜, 알파물감, 제도 샤프, 동아 전과, 모닝글로리 노트…. 난 그냥 어머니가 사 오라는 것만 기억하면 됐다. 따로 고민할 필요가 없었다. 학교에 갈 시간이 되면, 나는 빵빵해진 책가방을 둘러메고 맘 편하게 집을 나섰다. 어머니가 다 챙겨 놓았을 테니 걱정 같은 건 하지 않았다.

그런 생활이 십 년 넘게 이어지다 보니 나는 저절로 준비나 선택에 익숙하지 않은 사람이 되었다. 대학에 들어가서 제일 먼저 고생한 게 시간표를 짜는 일이었다. 전공과목은 어쨌거나 정해져 있는 거라 속 편하게 신청했는데, 교양과목은 도무지 선택할 엄두가 나질 않았다. 다들 어쩜 그렇게 척척 고르는지 신기할 지경이었다. 강좌 소개 같은 건 그냥 보아 넘기고 시간표 빈자리에 들어가는 걸로 대충 골라 넣었다. 덕분에 한 학기 내내 고생해야 했다. 동선 같은 건 아예 고려하지 않았던 터라 드넓은 캠퍼스를 계속 뛰어다녔다. 그런 나의 성향은 연애를 할 때도 어김없이 드러났다.

"오늘 영화 보러 갈까?"

아내가 이렇게 물으면 난 생각도 하지 않고 으레 대답했다.

"그래."

"뭐 볼까?"

"난 아무거나 상관없어."

"시간은?"

"그것도 괜찮아. 네가 가자는 시간에 갈게."

다행스럽게도 아내는 그런 내 대답을 자신에 대한 배려로 여겼고, 선뜻 선택을 하곤 했다. 그래도 가끔은 이런 이야기가 돌아왔다.

"이번엔 자기가 좀 말해 봐. 내가 항상 고르잖아."

"난 괜찮은데…."

"아무리 그래도 먹고 싶은 게 있을 거 아니야."

"글쎄…, 딱히 없는데."

매번 이런 식이었다. 하지만 그렇게 흘러가는 삶이 싫지 않았다. 선택권을 넘기면 굳이 고민할 필요가 없었다. 상대와 부딪힐 일도 없었다. 마음에 들지 않는 영화나 입맛에 맞지 않는 음식은 참고 넘기면 그만이었다. 별것 아닌 일로 옥신각신하는 게 오히려 시간 낭비라고 여겼다. 그런데 아내가 가끔씩 나를 보며 말했다.

"자기는 종종 차가워 보일 때가 있어. 말 안 하면 꼭 화난 것 같다니까."

실수 19 좀 더 활짝 웃을걸 그랬다

한참을 고민하고, 그러고도 망설이고, 선택한 뒤 후회하고, 또 고민하는 시간들이 삶의 대부분을 차지하는 중요한 순간이란 사실을 난 몰랐다. 선택이 사라진 삶은 죽은 것과 마찬가진데 난 그저 상대와 부딪히기 싫다는 이유로 생동감을 잃은 채 살았던 것이다. 더 이상 두근거리지 않는 심장처럼 습관처럼 밥을 먹고, 사람을 만나고, 길을 걸었다.

"어쩜 저렇게 표정이 변화무쌍하지?"

큰아이와 작은아이가 함께 노는 모습을 바라보다가 내가 무심코 아내에게 건넨 말이다. 나도 예전엔 저렇게 울고, 웃고, 찡그리고, 화내고, 실망하고, 기뻐하고, 짜증내고, 궁금해 하며 온갖 표정을 지었을 텐데 언제부터 이렇게 진지한 표정만 남게 된 걸까.

"이 길로 가고 싶어, 저 길로 가고 싶어?"

작은 아이의 손을 잡고 산책을 나서면서 난 종종 이렇게 묻는다. 어느 길로 가든 목적지인 놀이터에 도착할 수 있지만, 아이는 금세 심각해진다. 그러고는 이내 개운해진 표정으로 한쪽 길로 달려간다. 아이들과 시간을 보내면서 굳어있던 내 얼굴에 미묘한 변화가 생긴 게 느껴진다. 아직도 차가워 보일 때가 많지만, 요즘은 일을 하다가 혼자서 피식 웃곤 한다. 아침에 아이들과 나눈 이야기들이 문득 떠올라서다.

"아이 참, 뭘 갖고 나가지?"

일요일, 느지막한 오후에 아빠와 함께 놀 궁리를 하며 큰아이가 고개를 갸웃거린다. 줄넘기와 공 가운데 고민이 되는 모양이다. 난 재촉하지 않고 멀찌감치 앉아서 기다린다. 제법 시간이 걸려도 내색하지 않는다. 뭘 들고 나가서 아빠와 놀아볼까 고민하는 순간부터 이미 우리 둘이 함께하는 시간이란 걸 이제는 잘 알기 때문이다.

"모르겠다. 그냥 두 개 다 갖고 나가야지."

그렇게 말하며 큰아이가 나를 돌아본다. 나는 내가 지을 수 있는 가장 큰 미소를 보여준다.

'네가 어떤 선택을 하던 아빠는 다 찬성이란다.'

이런 마음이 한껏 전해지길 바라면서 말이다.

난 요즘도 가방을 챙기는 데 서투르다. 제대로 챙겼다고 생각해도, 집을 나서고 보면 꼭 한 두 가지가 빠져 있다. 어떨 땐 내가 이렇게 덤벙거리니 어머니가 노심초사하셨겠구나 싶다가도, 다른 한편으론 이런 생각이 든다.

'실수해도 그냥 믿고 맡겨 두셨으면 내가 좀 더 빨리 스스로를 보살필 수 있지 않았을까.'

지나간 일에 만약은 없다지만, 그래도 조금 아쉬운 건 사실이다. 그래서 요즘 들어 점심 메뉴를 고를 때 목소리를 내는 법을 연습해 보고 있다. 그렇게 떠올린 메뉴를 이야기한 뒤 나는 아내의 반응을 살핀다.

"그럼 햄버거 먹지 뭐."

아내가 웃으며 선뜻 응해 준다. 문득 눈이 부시다는 생각이 들었다. 한낮의 봄 햇살이 밝았던 건지, 아니면 아내의 미소가 환했던 건지 잘 모르겠다. 나도 같은 표정을 지어줄 것을, 지금 생각하니 조금 후회가 된다. 내일 있을 점심 데이트에서는 이렇게 말하면서 활짝 웃어 보아야겠다.

"오늘은 육개장."

아픔을 외면하지 말 걸 그랬다

동생은 내가 부러워하는 모든 것을 가졌다. 보기 좋은 키, 준수한 외모, 활달한 성격, 폭넓은 친구 관계, 거기에다 반항기 한 스푼 얹은 남자다움까지. 그런 동생에게 난 오랫동안 질투 비슷한 감정을 느끼며 살았다. 그리고 동생 역시 그런 마음을 품었다는 사실을 우리 둘의 관계가 단단히 틀어진 뒤 비로소 알게 되었다.

시골에서 사는 여느 부모님들과 마찬가지로, 아버지와 어머니도 우리 형제를 종종 비교하곤 하셨다. 잠깐 칭찬만 하고 끝났으면 좋았을 일을, 그 뒤에 나머지 한 사람이 꼭 언급됐다.

"우리 큰아들, 일등 했구나. 둘째야, 너도 좀 더 해 봐라. 한창때

엔 네 머리도 제법 좋았잖니."

두 사람을 저울질하는 이런 말은 동생의 기분도 처지게 했고, 내 마음도 불안하게 만들었다. 어느 날 나와 동생의 입장이 바뀌면 똑같은 이야기로 나를 탓하겠지 하는 생각이 항상 내 머리를 두드렸다. 사실 동생은 어린 시절부터 똑똑하기로 유명했다. 부모님이 보여주는 편견어린 애정에 동생은 분명 생각했을 거다.

'나도 부족한 게 없는데, 왜 부모님은 항상 저런 이야기를 하실까. 그깟 공부가 내가 가진 장점보다 대단할까. 내가 각 잡고 공부하면 그 정도는 금세 해낼 수 있을 텐데….'

한 살 차이, 같은 성별, 초등학교부터 고등학교까지 계속 겹치는 동선. 이런 환경은 저절로 비교를 만들어냈고, 어린 우리 둘은 남몰래 속앓이를 하고 있었다. 사람은 원래 자신에게 없는 것에 마음이 쏠린다. 나는 동생이 지닌 반짝임에 눈길이 갔다. 그 아이는 뭘 해도 폼이 났다. 고등학교 시절, 잠깐 추던 춤을 내던지고 밴드부에 들어간 동생은 베이스기타를 멋들어지게 치며 많은 사람의 이목을 끌었다. 이성이든 동성이든 금세 호감을 얻는 동생을 보며, 나한테는 왜 저런 면이 없을까 심통이 났다. 그때 나는 몇 년째 춤 연습을 하고 있었다. 부모님의 반대가 워낙 심해서 드러내놓고 하기

보다는 표 안 나게 슬며시 해버리는 편이었다. 자연스레 눈치도 보게 되어서 대회 한번 나갈라치면 콧잔등에 땀이 흘렀다. 그런데 동생은 배짱이 대단했다. 난 질투와 선망의 눈길로 동생을 보았다. 하지만 부모님의 생각은 달랐다. 자랑스러운 첫째와 말썽꾸러기 둘째로 우리 둘을 나누시곤 했다.

그랬던 우리 둘의 처지가 뒤바뀐 건 대학 졸업을 앞둔 무렵이었다. 당시 동생은 이름만 대면 알만한 대기업에 취직한 상태였다. 나는 공무원 시험 준비로 몇 년째 부모님 돈을 가져다 썼던 참이었다. 더 이상 공부하기 싫다는 큰아들을 부모님은 끝까지 설득하려 애썼지만 나는 딱 잘라 거절하고 보험 회사에 발을 디밀었다. 그게 부모님을 부끄럽게 한 모양이었다. 내가 대기업 전자 회사에 다닌다고 바꿔 말하고 다니시는 걸 알게 된 것이다.

'난 그 정도밖에 안 되는 아들이었구나….'

그런 생각에 휩싸인 나는 동생한테 실수를 해버렸다. 동생이 대기업에 입사해서 참 기쁘다는 눈길을 보내버린 것이다. 그때 난 속마음을 내보여야 했다. 너 참 얄밉다고, 너 혼자 자랑스러운 아들이 되어 보니 기분이 좋으냐고, 그렇다고 네가 잘난 줄 아느냐고 미친 척 큰 소리를 내질러버릴 것을. 가슴속을 채운 질투를 숨긴 채

실수 20 아픔을 외면하지 말 걸 그랬다

전혀 다른 태도를 보였다.

'그래, 네 마음 알아. 네가 우쭐거릴만해.'

그런 나의 눈빛이 배배 꼬인 마음의 또 다른 표현이란 걸 동생이 알아챘을 가능성은 0퍼센트다. 나조차도 그때의 마음상태를 완벽하게 이해하기 힘드니까 말이다. 부러운 걸 부럽다고 말하지 못한 채 그 시절은 그렇게 흘러가버렸다. 그리고 몇 년 뒤 나는 또 큰 실수를 했다.

한창 대기업에 다니던 동생이 몸이 아파서 퇴사를 했다. 그때 나는 고삐 풀린 망아지처럼 여기서 미끌, 저기서 미끌, 온갖 망신을 당하면서 사회를 조금씩 알아가고 있었다. 몸을 회복한 동생이 뭔가를 해 보려고 일을 알아보고 다닐 무렵에는 내가 자리를 잡으면서 돈을 벌어들이기 시작한 시점이었다. 맘먹고 시작한 일이 생각만큼 풀리지 않아 동생은 다급하게 나를 찾아왔다. 자존심을 굽히고 방법을 묻는 동생에게 난 유독 엄격한 목소리로 당부했다.

"뭐든 섣불리 시작하면 안 돼. 그러다가 망한 사람을 내가 얼마나 많이 봐왔는지 알아? 일단 배우겠다는 마음으로 성실하게 접근해 봐. 너한테 잘 맞는 일을 발견할 수 있을 거야."

허울 좋은 말이었다. 하던 일에 실패한 사람들이 찾아오면 일단 힘들었던 사연을 들어주는 것부터 상담을 시작하곤 했다. 그런데 내 친동생에게, 잔뜩 기가 죽은 그 자존심 센 녀석에게 난 뭐든 다 아는 어른처럼 충고를 늘어놓은 것이다.

"그럴 수도 있지. 다들 힘든 시절이잖아. 어떻게 하고 싶어? 우리 여기 앉아서 같이 의논해 보자."

이 말 하나면 되었을 텐데, 그때를 생각하면 후회가 된다. 나중에 알았다. 당부와 위로의 차이는 '믿음'에 있다는 것을. 내가 동생에게 읊어댄 당부는 네가 그다지 믿음직하지 않다는 표현일 뿐이었다. 그땐 몰랐다. 안 그래도 상처 입은 동생의 마음에 나는 소금을 뿌려대고 있었다.

나는 동생을 계속 불러냈고, 이거 공부해 봐라, 저거 한번 알아 봐라 하면서 정보를 한가득 안겨 주었다. 동생은 그 상황이 편하지 않았을 거다. 하지만 나는 그 정도는 불편해도 괜찮다고 생각했다. 가족을 책임질 가장이 그 만큼도 감수하지 못한다면 더 힘든 일은 어떻게 하겠느냐고 마음대로 판단했던 것이다. 동생의 마음을 살피는 일은 제일 뒤로 미뤄두었다. 수백 명의 사람에게 보여준 배려가 유독 동생한테는 해당 사항이 없었던 것이다.

동생의 일이 생각만큼 풀리는 않는 날이 이어졌다. 어느 날 밤늦게 함께한 술자리에서 취한 동생이 나를 노려보며 말했다.

"너 같은 거, 세상에서 없어져 버렸으면 좋겠어!"

지금은 안다. 그때라도 동생에게 미안하다고 말해야 했다. 서운함을 내버려 두어서 미안하다고, 공연히 잘난 척해서 미안하다고. 하지만 끝끝내 아무 말도 건네지 않은 채 집으로 돌아왔다. 결국 마음의 응어리를 풀어줄 기회를 놓쳐버렸다. 그깟 한 살이 뭐라고, 난 왜 동생을 친구로 대하지 않고 아이 대하듯 충고와 잔소리를 늘어놓았을까. 반대의 상황이 되어 내가 동생을 찾아갔다면, 동생은 대뜸 이 말부터 했을 거다.

"거 봐. 내가 그럴 줄 알았어. 그러게 조심하라고 했지. 형은 그래서 안 된다니까. 세상에 공짜가 어디 있냐?"

그렇게 한바탕 잘난 척을 한 뒤, 곧바로 내 곁에 의자를 당겨와서 눈을 마주한 채 물었을 거다.

"말해 봐. 대체 뭐가 문제였던 거야?"

그 말 뒤에 숨어 있는 속뜻, 형이 잘못할 사람이 아닌데 대체 누가 괴롭혀서 이 지경까지 오게 만들었냐는 그 마음이 전해져서 난 아마 울음을 터트렸을 지도 모른다. 이런 나를 동생은 그래도 믿어주는구나 싶어서 말이다.

그런데 난 그 간단한 일을 해주지 못했다. 형이랍시고 조급한 마음을 드러내며 그 아이를 밀어붙인 것이다. 가장 힘들 때 필요한 건 충고를 건넬 어른이 아니라 마음을 나눌 친구인데, 난 그만 동생을 멀어지게 만들었다.

진즉에 알고 있었다. 믿음을 뺀 당부가 얼마나 허망한지를. 조급한 충고가 상대를 얼마나 맥빠지게 하는지를. 수많은 사람과의 만남을 통해 그 사실을 알게 되었는데도, 유독 내 동생한테만은 결과를 얻는 법을 반복해서 가르쳤다.

"넌 해낼 수 있어."

이런 짜증 섞인 말만 연거푸 건네면서 말이다. 지금도 동생과 가끔 연락을 한다. 하지만 굳어버린 시간 속에서 그저 영혼 없이 인사를 나누고 서로의 안부를 묻는다. 그러고는 곧바로 일 이야기로 말머리를 돌리곤 한다. 아직도 잘 모르겠다. 동생한테 어떻게 사과를 건네야 하는지. 누가 나한테 속 시원하게 방법을 좀 알려줬으면 좋겠다.

실수 20 아픔을 외면하지 말 걸 그랬다

세 번째 장

돈에 관한 실수

돈을 미워하지 말 걸 그랬다

어릴 적에 한동안 어른들 틈에서 지내던 기억이 난다. 그때 우리 부모님은 부업으로 당구장을 운영하고 계셨다. 아버지가 회사에 출근하시면 어머니는 당구장 문을 열고 손님 맞을 준비를 하셨다. 유치원에 갔다가 돌아올 때면 나는 동생 손을 잡고 당구장으로 향했다. 오후에는 사람들이 그리 많지 않았지만, 저녁 무렵이 되면 당구장이 제법 붐볐다. 구석에 있는 작은 카운터에서 우리 둘은 자주 시간을 보냈다. 시끌벅적한 사람들의 말소리는 공 두 개가 부딪히는 당구장 특유의 소음과 맞물려 경쾌한 분위기를 자아냈다. 어머니는 얌전히 있으라며 주의를 주셨지만, 난 그런 말에도 아랑곳하지 않고 당구를 치는 어른들 사이를 폴짝폴짝 뛰어다녔다. 동생도

나 못지않게 장난이 심해서 당구장은 금세 놀이터로 변했다. 어머니는 그런 우리 모습을 달가워하지 않으셨다. 어느 날 유치원에 다녀와서 당구장에 곧바로 달려갔는데, 문이 닫혀 있었다. 나와 동생은 하는 수 없이 집으로 향했다. 어머니가 아버지를 설득해 당구장을 다른 사람한테 넘겼다는 이야기를 들었다. 자식들 교육에 좋지 않다는 생각에 그러셨던 것 같다. 어머니의 마음을 몰랐던 나는 놀장소가 사라진 게 무척 아쉬웠다. 어린 마음에 사람들로 북적대는 공간이 좋았던 모양이다.

당구장은 그렇게 정리했지만, 그 뒤에도 어머니는 손에서 일을 놓지 않으셨다. 나중에는 빌딩 관리원 자리를 얻어 출퇴근을 하셨다. 대학생 시절, 방학이 되면 동생과 함께 그 빌딩에 찾아가 일을 도왔다. 어머니의 동료분들이 그런 우리를 칭찬하곤 하셨다. 그렇게 생활력이 강한 어머니가 아버지를 부족하게 바라본 건 어쩌면 당연한 일이었다. 두 분이 돈 때문에 다툴 때마다 나와 동생은 방에 틀어박혔다. 그러고는 폭풍이 지나가기만을 기다렸다. 그렇게 맥없이 시간을 보내면서 돈이란 게 그리 좋은 건 아니구나 하고 생각했다. 그게 돈에 관한 나의 첫인상이었다.

고등학교에 다닐 때까지도 돈에 관한 내 감정은 별다른 변화가 없었다. 부모님의 다툼도 여전했고, 주변 상황도 눈에 띄게 바뀐 게 없었기 때문이다. 동네가 크지 않다 보니 학교에서 마주치는 아이들도 똑같았고, 사는 형편도 다들 비슷했다. 그러다가 등록금이 비싸기로 유명한 대학에 덜컥 합격해 서울에서 지내며 새로운 상황이 눈에 종종 들어왔다. 그때까지만 해도 나는 대학생이 차를 몰고 다닌다는 건 상상도 하지 못했다. 그런데 영화에서나 볼법한 차를 모는 동기도 있었고, 돈을 물 쓰듯 하는 친구도 있었다. 내가 활동하던 춤 동아리에도 비슷한 선배가 있었는데, 종종 후배들을 데려다가 술이나 밥을 아낌없이 사주곤 했다. 당시에 나는 하숙비에 보태기 위해 일주일에 두세 번씩 과외 아르바이트를 하고 있었다. 여자 친구를 통해 아는 댁 중학생 아들을 가르치기도 하고, 대학생 과외 교사를 구하는 사이트를 뒤지며 일거리를 찾기도 했다. 어쨌거나 그런 와중에 후배들을 챙겨주는 선배가 나는 고마웠다. 그러면서 웬만한 대학교의 한 학기 수업료를 한 달이면 해치우는 선배가 신기했다. 대체 부모님이 어떤 분이길래 스물 몇 살밖에 되지 않는 자식에게 그렇게 넘치도록 용돈을 주는 걸까 궁금해졌다.

돈에 관한 내 감정이 급속도로 나빠진 건 군대에 다녀온 이후부터였다. 졸업이 얼마 남지 않은 상황에서 나는 일단 휴학계를 제출했다. 그리고 당연한 듯 시험 준비에 매달렸다. 당시 내 목표는 5급 공무원이 되는 것이었다. 그때 내 주변에는 이렇게 졸업을 미루고 복잡한 시험을 준비하는 학생들이 많았다. 검사나 변호사가 되기 위한 사법고시, 공인회계사 자격을 얻기 위한 CPA가 주류를 이루었다. 어쨌거나 정년이 될 때까지 쫓겨나지 않고 꾸준히 벌 수 있는 직업을 선호하는 분위기였다. 부모님도 그 길을 응원해주셨고, 나도 내 선택이 당연하다 여겼다. 문제는 돈이었다. 온종일 공부에 매달리다 보니 본격적인 아르바이트는 기대하기 힘들었다. 늦깎이로 군대에 다녀온 나는 그때 이미 20대 후반이었다. 남들은 취업해서 돈을 벌 나이에 부모님께 손을 벌려야 하니 죽을 맛이었다. 최대한 돈을 쓰지 않는 방향으로 살아야겠다고 마음을 먹었다. 두 번째 불합격 소식이 들렸을 때만 해도 나는 이렇게 생각했다.

'조금만 더 버티면 돼. 다음에 붙으면 되지 뭐.'

하지만 시간이 가면서 나는 점점 더 쪼그라들었다. 낙방 소식이 전해지는 날이면 같이 공부했던 사람들이 외딴 주점에 모여들었다. 술잔을 기울이며 주고받는 이야기는 점점 암울한 쪽으로 흘러갔다. 꼬박꼬박 들어오는 월급을 위해 골방에 틀어박혀 공부를 한다는 게 암담하게 느껴졌다. 그때 내 머릿속에는 돈은 필요악이란 생각이 가득했다. 공부를 그만둔 뒤 보험회사 영업사원으로 일하면서 그 확신은 더욱 짙어졌다. 어떻게든 계약을 따내야 먹고 살 돈이 생기다 보니, 난 어느새 부풀려 말하기의 달인이 되어 있었다. 일어날 확률이 희박한 일을 과장해서 설명하는 게 보험 판매원의 본분이란 걸 잘 알고 있었지만, 그렇게 해서 채워진 월급봉투는 왠지 뒷맛이

씁쓸했다.

돈을 떠올릴 때 느꼈던 불편한 감정이 옅어지기 시작한 건 그로부터 몇 년이 지나서였다. 버터플라이 인베스트먼트에서 내가 주로 했던 일은 사람들의 이야기를 들어주는 것이었다. 무자본 창업이란 게 워낙 생소한 분야다 보니 나를 찾아오는 사람들은 다들 궁금한 게 많았다. 이것저것 질문을 주고받다 보면 이야기가 자연스레 인생 상담으로 이어졌다.

"돈이 많으면 뭐합니까. 사는 게 재미없는데."

누구나 부러워할 인생을 사는 사람이 이런 말을 하는 게 처음엔 낯설었다. 돈 없이도 시작할 수 있다는 말에 회원의 절반가량은 대학생이나 사회 초년생이 차지했다. 나머지는 엄청나게 돈을 벌고 있는 사람들이나 한때 부자였던 사람이었다.

"재산이 100억을 넘었던 때도 있었어요. 지금은 거의 남지 않았지만…."

예전에는 돈만 있으면 아무 문제가 없을 거라고 생각했다. 하지만 부자에게도 인생의 오르막과 내리막이 있었다. 돈은 아무 잘못

모든 삶은 실수로 시작된다

이 없다는 느낌이 들기 시작했다. 문득 이런 생각이 들었다.

'돈을 쓰는 사람의 마음이 중요한 게 아닐까?'

그때부터 나는 주변의 부자들을 관찰하기 시작했다. 한도 없는 블랙카드를 매일 긁어도 죽을 때까지 못 쓸 만큼 돈이 많은데도 걱정이 끊이지 않는 사람도 있었고, 차고에 외제차가 한가득인데도 웬만한 거리는 씩씩하게 걸어 다니는 사람도 있었다. 부자로 살면서 얼굴에서 미소가 떠나지 않는 사람들은 신기하게도 삶의 방식이 비슷했다. 풍족하게 살 수 있는 상황을 고마워하고 가족을 소중하게 여긴다는 게 그들의 공통점이었다. 생각지도 못한 일이 터졌을 때 대처하는 방식도 남달랐다. 원인을 자신한테서 찾았다. 절대 주변 사람들에게 책임을 떠넘기지 않았다.

부자라고 해도 한평생 꽃길만 걸을 수는 없다. 세상은 공평하다. 돈이 많은 이들은 망할 때 보통 사람보다 훨씬 크게 망한다. 대들보도, 지붕도, 서까래도 몽땅 무너진 상황에서 훌훌 털고 일어나는 사람은 응원해주는 가족들이 항상 곁에 있었다. 그런 사람들은 대개 이렇게 말한다.

"이만하길 다행이지. 얼른 상황을 수습해 보자. 분명 방법이 있을 거야."

이미 돈이 많은데도 더 갖지 못해 안달을 하고, 가족을 함부로 대했던 사람들은 뒤늦게 이런 후회를 했다.

"망하고 보니 알겠더라고요. 친구도, 가족도, 직원도 다 돈 때문에 붙어있던 거예요. 이제 나한테는 아무것도 안 남았어요."

뒤늦게라도 그런 깨달음을 얻은 사람은 오히려 다행이었다. 많은 부자들이 똑같은 시행착오를 겪는 모습을 바라보면서, 나는 생각했다.

'그게 얼마가 되었든 나한테 찾아오는 돈은 항상 소중한 거구나. 우리 네 가족이 즐겁게 살 수 있도록 도와주는 돈한테 항상 고마워해야겠다.'

주변 사람들이 나랑은 전화통화가 잘 되지 않는다며 불평을 한다. 일단 집에 들어가면 휴대전화는 내팽개치고 아이들과 뒹굴며 놀기 시작한다. 전화 몇 통 못 받는 게 뭔 대수일까. 나와 함께 일하는 사람들은 이메일을 보내놓고 답장을 여유 있게 기다려 준다. 덕분에 집에 머물며 가족들과 충실한 시간을 보낼 수 있다.

예전엔 돈을 원수로 여겼다. 돈 때문에 내가 고통받고 있다고 생각했기 때문이다. 다행스럽게도 이제는 돈이 친구 같다. 돈을 소중

하게 여길수록 돈과 가까워질 기회가 많아진다는 진실을 이제는 잘
안다.

　돈을 미워하지 말 걸 그랬다. 아무런 잘못도 한 게 없는데, 공연
히 원망을 들었던 돈한테 내심 미안하단 생각이 든다.

겉모습에 휩쓸리지 말 걸 그랬다

어느 날이었다. 대학생 한 명이 나를 찾아왔다. 미국에서 유학생활을 하며 마지막 학기를 남겨두고 있다는 그 학생은 총명해 보이는 얼굴에 선한 눈매가 인상적이었다. 내가 쓴 책을 읽고 그동안 무척 만나보고 싶었다며 수줍어하는 모습을 보니 나도 모르게 삼촌 미소가 지어졌다. 나한테도 저런 시절이 있었는데 싶기도 하고, 글쓴이를 찾아 나선 용기가 대견하기도 했다. 호감을 갖고 이야기를 나누다 보니, 그 학생의 소박한 포부가 눈에 들어왔다.

"선한 영향력을 세상에 전하고 싶어요. 거창한 건 아니고요, 그저 제가 할 수 있는 일을 차근차근 해 보려고요."

많지 않은 나이인데, 어떻게 그런 마음을 갖게 되었는지 살며시 물으니 이런 대답이 돌아왔다.

"대학에 들어간 지 일 년쯤 되던 해였어요. 같은 기숙사에서 지내던 친구와 가족에 관한 이야기를 하다가 그 친구의 아버지에 대해 알게 되었어요. 세계적으로 유명한 디자인 회사에서 부사장 직책을 맡고 계시더라고요. 문득 그런 생각이 들었어요. 그런 분이 하시는 말씀을 가까이에서 들을 기회가 있다면 얼마나 좋을까 하고요. 그러다가 떠올렸어요. 그런 분의 이야기를 듣고 싶은 사람이 나 혼자만은 아닐 거라고 말이에요."

그는 곧바로 옆방 문을 두드렸고, 그리 내켜하지 않는 친구를 설득해 친구의 아버지와 직접 이야기를 나눌 기회를 얻어냈다. 그 자리에서 그는 한 가지 제안을 했다. 자신이 모든 것을 준비할 테니 대학에 와서 강연을 한 차례 해줄 것을 부탁한 것이다. 굳이 그럴 필요가 있겠냐며 주저하던 친구의 아버지는 몇 차례의 설득 끝에 마침내 그의 제안을 수락했다. 그는 학교로 돌아와 관계자들을 찾아다니며 장소를 빌리고, 포스터를 제작하고, 학생들이 자주 찾는 소셜미디어에 글과 사진을 올리며 강연회 소식을 알렸다. 얼마 지나지 않아 하나 둘 문의가 들어오기 시작했고, 마침내 강연회가 열리는 날, 뛸 듯이 기쁜 마음에 어쩔 줄 몰라 했다.

실수 22 겉모습에 휩쓸리지 말 걸 그랬다

"큰 강의실이 꽉 차 있는 모습을 보니 가슴이 터질 것 같았어요. 한번 마음먹기가 힘들지, 뭔가를 실행에 옮겨서 결과를 만들어 내는 건 그 과정만으로 벅찬 기쁨이 생기더라고요. 그때였던 것 같아요. 앞으로 할 일을 깨닫게 된 게."

그렇게 말하며 그 학생은 두 눈을 반짝였다. 그 모습을 보며 나도 저절로 기분이 좋아졌다. 함께 있는 시간을 유쾌하게 만드는 사람이란 생각이 들었다. 그날의 만남은 그렇게 마무리되었다.

그러고 나서 며칠이 지났다. 문득 생각이 나서 인스타그램에 들어가 그 학생의 계정을 둘러보았다. 문득 놀랍다는 생각이 들었다. 소복하게 채워진 사진과 기록 속에 그동안 해낸 일의 흔적이 하나하나 새겨져 있었다. 친구의 아버지를 설득해 마련했던 첫 강연회의 성공 이후, 그는 본격적으로 그 길을 걷게 된 모양이었다. 그가 섭외해서 강단에 서게 만든 명사들의 사진이 계정 안에 빼곡하게 들어차 있었다. 얼굴만 봐도 감탄이 나올만한 유명인들이 그 학생과 나란히 서 있는 장면도 많았다. 그런 사진 아래엔 어김없이 수많은 댓글이 달렸다. 글을 남긴 사람들의 국적 또한 범세계적이었다.

'어린 나이인데도 대단하구나. 이런 사람들과 벌써부터 친분을 맺고 있으니.'

그동안 그가 개최했던 명사들의 강연회를 차근차근 되짚어 보니, 이름만 대면 알만한 국내외 대기업의 후원도 여러 차례 받았다는 걸 쉽게 알 수 있었다.

'이런 학생이 나를 찾아왔다는 게 오히려 영광인걸.'

나도 모르게 그런 생각이 들어서 흐뭇한 미소가 떠올랐다. 그러고는 한동안 잊고 지냈는데, 기특하게도 그 학생이 가끔씩 내게 연락을 해왔다. 마치 오래전부터 알고 지낸 사람처럼 붙임성 있는 태도였다. 이래서 이 학생이 그렇게 많은 사람들과 친분을 유지할 수 있었구나 하는 생각이 저절로 들었다. 그리고 몇 개월이 흘렀을 때, 그가 다시 나를 찾아왔다. 얼마 전에 대학 졸업장을 받았다는 그는 처음 만났을 때보다 훨씬 말쑥해진 모습이었다. 그가 나를 부르는 호칭도 어느새 '형님'으로 바뀌어 있었다. 나이 차가 제법 나는데도 그렇게 허물없이 다가오는 모습을 보니 귀엽다는 생각이 들었다. 그가 열정으로 가득 찬 표정으로 요즘 한창 진행 중인 일에 관해 말해주었다.

"졸업하고 추진하는 첫 번째 프로젝트예요. 왜 그 언론인 아시죠? 전쟁의 참상을 생생하게 고발해서 전 세계적으로 유명해진 그 사람이요. 얼마 전에 힘들게 컨택이 되었어요. 그동안 개최했던 강

실수 22 겉모습에 휩쓸리지 말 걸 그랬다

연회에 관한 설명을 듣더니 흔쾌히 허락을 해주더라고요. 벌써부터 가슴이 벅차올라요. 그런 대단한 분을 한국에 직접 모실 수 있다니. SNS에 소식을 올렸더니 벌써부터 반응이 뜨거워요. 비행기를 타고 날아와서 강연회를 듣겠다는 사람들도 있어요. 그래서 장소를 아예 큰 곳으로 빌렸어요. 표가 제법 비싼데도 사겠다는 사람이 많아서요."

물어보니, 그 사람을 한국에 초청하는 데 드는 비용이 거의 2억 원 가까이 된다고 했다. 혹시 손해를 보면 어떻게 하느냐고 조심스레 말을 꺼내니, 그가 믿음직하게 대답했다.

"안 그래도 그런 일이 벌어질까 봐 수요 조사를 몇 차례 진행했어요. 얼마 전에 그 사람이 큰 상을 탔잖아요. 언론에서 여러 번 다뤄진 덕분에 대중의 관심이 높더라고요. 그동안 다져 놓은 인맥을 통해 미리 접촉을 해 놓은 덕분에 상을 탄 뒤 갖는 첫 번째 강연회를 한국에서 열 수 있었어요. 표를 몇 장 빼놓을 테니, 형님도 지인분들과 꼭 참석해주세요."

비싼 표를 어떻게 공짜로 받느냐며 미안해했더니, 돈을 빌려주신 분들을 위해 남겨놓은 표가 아직 몇 장 더 있으니 괜찮다는 대답이 돌아왔다. 전체 자금 규모는 얼마나 되는지 궁금해하자, 선뜻 설명을 해주었다.

"형님한테 오픈하지 못할 이야기가 뭐 있겠어요. 이번 강연회를 여는 데 필요한 금액은 총 3억 원 정도예요. 그 가운데 벌써 2억 넘게 자금이 들어왔어요. 제가 그동안 거둔 성과를 많은 분들이 알아봐주신 것 같아서 고마운 생각이 들더라고요. 그 마음에 보답하기 위해서라도 최선을 다하려고요."

대학을 갓 졸업한 나이에 그렇게 큰 규모의 돈을 빌린다는 게 얼마나 힘든 일인지 잘 알고 있기에, 나는 저절로 마음이 쓰였다. 아직 모자란 돈이 얼마 정도 되느냐고 넌지시 물었더니, 9천만 원 정도만 더 모으면 된다고 했다. 잠시 고민하다가, 2천만 원은 내가 빌려주겠다고 뜻을 전했다. 그는 정중한 태도로 고개를 숙였다.

"정말 감사합니다. 저를 이렇게 믿어주신 형님께 두고두고 보답할게요."

나는 흐뭇하게 고개를 끄덕였다. 충동적인 결정은 아니었다. 소셜미디어 계정을 통해 확인한 그간의 행적만으로 그는 충분히 투자 가치가 있는 사람이었다. 대학생이던 시기에 이미 탁월한 성과를 거두었고, 이제 졸업과 동시에 더 큰 날갯짓을 하는 중이었다. 그

실수 22 겉모습에 휩쓸리지 말 걸 그랬다

의 사업 영역은 국경을 넘나들었고, 앞으로도 발전 가능성이 컸다. 지금 좋은 관계를 맺어두면 여러모로 도움이 될 거라는 확신이 들었다. 그리고 며칠 뒤, 그가 전화를 걸어왔다.

"형님, 지난번에 마음 써 주신 덕분에 큰 도움이 되었습니다. 다시 한 번 감사드려요. 이제 7천만 원 정도만 더 마련하면 되는데, 혹시 주변에 계신 분들 중에 가능하신 분이 계실까요?"

내 머릿속에 문득 한 사람이 떠올랐다. 자수성가한 기업가로, 발전가능성이 높은 젊은이에게 지원을 아끼지 않는 분이었다. 그분의 연락처를 알려주면서, 소개는 해줄 수 있지만 돈을 빌리는 것은 본인의 역량에 달린 일이라고 딱 잘라 말을 했다. 그는 실망시키지 않겠다며 의젓한 태도를 보여주었다. 그리고 얼마 후, 그 기업가가 전화를 걸어왔다. 그를 직접 만나서 설명을 듣긴 했는데 아직 확신은 들지 않는다며, 정말 믿어도 되는 사람이냐는 질문이었다. 여러 가지 면으로 보았을 때 장래성이 높은 젊은이라고 나는 대답했다. 그러자 그분이 흔쾌하게 말했다.

"그럼 신태순 대표의 판단을 믿어보겠습니다."

그렇게 그 기업가는 7천만 원이라는 큰돈을 선뜻 빌려주었다. 얼마 후 그가 찾아와서 거듭 인사를 했다.

"형님 덕분에 필요한 자금을 전부 모을 수 있었습니다. 얼마 전에 티켓을 오픈했는데, 조만간 홍보 채널을 풀가동할 계획이에요. 앞으로도 진행상황을 종종 말씀 드리도록 할게요."

숨김없는 태도를 보니, 과연 내가 사람을 잘 보았구나 싶었다. 알고 지낸 세월은 길지 않지만, 믿음의 깊이는 시간의 양과는 관계가 없다는 생각도 들었다. 나는 아무 걱정 없이 그 강연회의 성공적인 개최를 기다렸다. 하지만 거기까지였다. 그 행사를 떠올릴 때 그려지는 좋은 기억이 말이다.

그가 했던 호언장담과는 달리, 그 강연회는 처참한 결과를 기록했다. 수익의 대부분을 차지하던 표 판매가 거의 이루어지지 않았기 때문이었다. 알고 보니, 이전에 개최했던 명사 초청 강연회는 그의 능력 때문에 성공한 것이 아니었다. 주최자가 대학생이라는 점이 특별하게 작용해서 여러 기업이 후원을 해주었고, 덕분에 손해 보지 않는 상황이 만들어진 것이었다. 대학이라는 울타리를 벗어난 지금, 그에게는 더 이상 내세울 점이 없었다. 그 점을 간과하고 무리하게 일을 추진한 것이 실패의 원인이었다. 만약 작은 규모로 행사를 열었다면 상황이 조금 나았을지도 모르겠다. 하지만 강

실수 22 겉모습에 휩쓸리지 말 걸 그랬다

연장은 지나치게 컸고, 티켓 값은 너무 비쌌다. 결국 그는 빌렸던 돈을 강사료와 장소 대여비로 모두 써버리고, 수익은 한 푼도 거두지 못했다. 안타까운 것은 그런 결과를 받아든 뒤 그가 보여준 태도였다.

강연회 소식을 전해들은 뒤, 내가 처음 걱정한 것은 바로 그였다. 물론 빌려줬던 돈 생각에 속이 쓰렸지만, 사회에 나와 처음 맛본 실패 탓에 의기소침해 있을 그의 마음이 더욱 걱정이 되었다. 상황을 부풀린 건 그의 잘못이지만, 무턱대고 신뢰한 건 내 책임이 컸다. 누군가를 믿고 돈을 빌려주는 건 결국 채권자의 판단이니 말이다.
당연히 찾아와서 사죄의 뜻을 전할 거라 여겼던 나는 그의 연락을 조심스레 기다렸다. 그를 만나게 되면, 사람들을 일일이 찾아가서 앞으로 어떻게 돈을 갚을지 차근차근 의논을 해 보라고 조언을 해 줄 생각이었다. 물론 힘들겠지만, 이 일을 통해 그가 배울 점도 많을 터였다. 하지만 그는 끝내 연락을 하지 않았다. 참고 기다렸지만, 미안하다는 문자 한 통 없었다. 나를 믿고 그에게 7천만 원을 내어준 기업가는 화가 머리끝까지 났다.

"믿을만한 사람이라면서요? 돈도 돈이지만, 이 태도는 대체 뭡니까?"

법적인 조치를 취하겠다는 그분의 뜻을 더 이상 말릴 수가 없었다. 나와 그분이 빌려준 돈을 묶어서 함께 소송을 하자는 말에도 고개를 끄덕였다. 소송과 관련된 연락이 가자, 그가 전화를 걸어왔다. 자신도 예상 못한 일이었다며, 어떻게든 돈을 갚겠다고 풀죽은 목소리로 말했다. 그 후로 그는 조금씩 돈을 보내왔다. 그게 소중한 시작이라고 생각해 당분간은 기다려 주기로 했다.

그가 인스타그램에 올리는 근황 사진을 보며 아직은 어리다는 생각이 들었다. 그런 상황에서도 친구들과 함께하는 자리에서는 제법 표정이 환했다. 그가 돈을 다 갚기까지 긴 시간이 걸릴 거란 생각이 든 뒤, 나는 사비를 털어 3천만 원을 그 기업가에게 보냈다. 그분이 그에게 빌려준 7천만 원에는 한참 모자라지만, 그렇게라도 하는 것이 도리라는 생각이 들었다.

사람을 판단하는 건 언제나 어렵다. 그래서일까. 어린 나이에 너무 큰 성공을 거둔 사람을 만나면 왠지 조심하게 된다. 보이는 모습이 전부가 아니라는 걸 이제는 알기 때문이다.

조금 덜 벌고 좀 더 행복해질걸 그랬다

내가 보험 영업을 하러 다닐 때 재무 설계라는 말이 한창 유행했다. 보험에 관한 설명만 늘어놓기 보다는, 고객과 마주앉아 재무 설계를 하는 편이 훨씬 유리했다. 보유하신 자산 규모가 이 정도 되니 고정지출비는 이렇게 관리하고, 여유자금의 일부는 주식에 넣어두고, 나머지는 보험을 드는 게 균형 잡힌 포트폴리오라고 이야기하면 대부분 고개를 끄덕였다. 주식에 관심이 생긴 때가 그 무렵이었다. 직접 경험해 봐야 실감 나는 상담을 할 수 있겠다는 생각에 소액을 투자해 보기로 했다. 다른 분야와 마찬가지로 주식 세상에서도 '초심자의 행운'이란 말이 떠돈다. 특별한 뜻은 아니다. 멋모르고 시작한 사람이 처음에 잠시 돈을 번다는 말이다. 나도 그랬다.

예전부터 나는 새로운 분야를 철저히 탐색했다. 주식도 마찬가지였다. 일단 서점에 가서 경제 관련 서적을 한 아름 구입했다. 그러고는 밥 먹을 시간도 아껴가며 책읽기에 몰두했다. 그렇게 일주일을 보내고 나니, 주식 시장이 눈에 들어왔다. 주식 가격의 오르내림이 사회과학이란 생각도 들었다. 이 종목이 오를 거라는 감이 아니라, 정치, 경제, 심리 같은 다각적인 접근이 필요해 보였다. 나는 인터넷을 뒤져 가며 정보를 찾았다. 주식 시장의 역사, 극적인 변화에 영향을 준 사건들, 당시의 정치 상황, 경제 이슈들을 빠짐없이 체크하며 바닥을 다졌다. 문득 이런 생각이 들었다.

'주식 시장 예측이 어렵다던데, 공부를 덜해서 그런 거구나. 오를 때 확실하게 기세를 잡으면 돈을 벌지 못할 이유가 없겠어.'

경계심을 늦추지 않고 투자할 종목도 까다롭게 골랐다. 성장 여력이 충분한데도 저평가된 곳, 미래 가치가 높은 곳, 핵심 기술을 갖고 있는 곳이 관심의 대상이었다. 발품을 들여가며 현장에 직접 찾아가 보기도 했다. 투자할 대상이 정해지면 그 회사의 경비원과 이야기를 나눠본다는 전설적인 투자자의 행보를 흉내 낸 것이었다. 수위 아저씨와 몇 마디 주고받은 게 전부였지만, 실체에 한걸음 다가섰다는 생각에 조금은 우쭐한 생각이 들었다. 그렇게 종목을 확정지은 뒤, 마침내 첫 주식을 샀다. 아니나 다를까, 얼마 지나지 않아 주식 가격이 뛰었다. 첫 투자에 이 정도를 벌다니, 제법 소질이 있다는 생각이 들었다. 그땐 몰랐던 거다. 이게 '초심자의 행운'이란 사실을.

초보자가 주식에 뛰어드는 시기는 비슷하다. 시장의 흐름이 오름세에 있을 때다. 주식이 폭등했다는 기사가 뜨면 사람들은 생각한다.

'자고 나니 주식이 오르고, 한 밤 지나니 또 오르네. 아까워라. 이럴 줄 알았으면 진즉 사둘 것을. 안 그래도 벌써부터 생각하고 있었는데. 가만, 이렇게 가다가는 나중에 비싸서 못 사는 거 아니야?'

그러다 보면 한참 올라서 천장을 뚫은 주식 가격이 오히려 싸게 느껴진다. 어차피 더 오를 테니 말이다. 시장이 얼어붙을 때 투자를 결심하는 초보자는 없다. 얼마나 떨어질지 확신이 없기 때문이다. 남들 다 하는 주식을 이제까지 손대지 않았던 사람은 성향이 보수적일 가능성이 높다. 그런 만큼 안전한 기회에는 누구보다 적극적이다. 주식 시장은 공개된 정보가 많기 때문에 얼핏 안전해 보인다. 실시간으로 반영되는 그래프가 신뢰를 주기도 한다. 몇 달 동안 지켜본 주식이 계속 오르면 보수적인 사람들도 투자에 나서기 시작한다. 그리고 불행이 시작된다.

내가 첫 주식을 샀던 시기도 시장이 오름세에 있을 때였다. 아침에 눈을 떴는데 어제보다 주식 가격이 떨어진 걸 보았다면, 아예 시작할 생각이 들지 않았을 것이다. 그저께보다 어제, 어제보다 오늘 올라 있는 주식을 보니 이제 사도 되겠다는 생각이 들었다. 당연히 내가 산 주식은 계속 올랐다. 곧바로 우쭐한 생각이 들었다. 왜 다들 이런 방법을 모를까 싶고, 곧 부자가 될 것 같다는 확신도 들었다. 자연스럽게 다른 회사 주식에도 관심이 갔다. 그리고 몇 달 뒤 폭락장이 찾아왔다. 아무리 튼튼한 회사의 주식도 전반적인 경제 흐름 앞에서는 맥을 못 춘다는 사실을 그때 알았다. 무진장 꼼꼼하게 정보를 모아도 별 소용이 없었다. 그동안 사 모았던 주식 가격은 반 토막이 되어 있었다. 적지 않은 손해를 보고 주식을 전부 내다 팔았다. 공부를 할수록 가진 돈이 줄어드는 묘한 세상이었다. 더 이상 주식에 손 댈 생각이 들지 않았다.

그 후 주식 시장은 몇 번의 오르내림을 반복했다. 들려오는 소식들에 나는 귀를 닫았다. 시장 상황이 좋지 않을 때 가격이 확 내린 주식을 사면 나중에 큰돈이 된다는 상식은 알고 있었다. 하지만 여유 자금이 없었다. 첫 투자에 성공했을 때 어깨가 으쓱해서 가진 돈을 대부분 주식을 사는 데 썼기 때문이었다. 그때 본 손해를 메꾸느라 한동안 애를 먹었다. 보험 회사를 그만둔 뒤에는 재무 설계나 주식 투자에 더 이상 신경 쓸 필요가 없었다. 그 후 무자본 창업 전문

실수 23 조금 덜 벌고 좀 더 행복해질걸 그랬다

가로 한창 바쁘게 살았다. 그러던 어느 날이었다.

"신 대표님, 지난번에 말씀드린 사람 기억나세요? 빌딩 세 채 주인이라던 그 사람이요."

상담이 끝나갈 즈음, 마주앉은 사람이 눈을 반짝이며 내게 물었다. 기억이 난다고 했더니, 대번에 놀라운 이야기가 이어졌다.

"글쎄, 그 사람이 주식 투자로 50억을 벌었다지 뭐예요. 있는 사람이 더 크게 번다더니, 진짜인가 봐요. 참 부럽네요."

다음 주에는 더욱 대단한 이야기가 전해졌다. 그 사람이 주식 투자로 벌어들인 수익이 100억을 넘었다는 소식이었다. 그리고 반년 뒤, 그 이야기를 전한 사람이 호들갑을 떨면서 말했다.

"신 대표님, 그때 그 사람 기억하시죠? 왜, 주식으로 100억을 벌어들인 빌딩 부자요. 그 사람이 글쎄, 무리하게 주식 투자를 하다가 가진 돈을 모두 날리고 빚을 300억이나 졌대요. 빌딩도 이미 넘어갔대요. 어쩌다가 그런 지경이 되었는지 모르겠어요."

그 말을 듣고 가슴을 쓸어내렸다. 만약 나한테 그런 돈이 있었다면 분명 같은 일을 겪었을 것이다. 처음에 그만한 금액을 벌었다면 결국 더 크게 투자를 했을 테니 말이다.

몇 년 뒤, 다잡았다 생각했던 내 마음이 크게 요동치는 시기가 있었다. 세상 사람들이 비트 코인으로 큰돈을 벌어들인 때였다. 처음엔 코인 가격이 두 배로 뛰었네, 세 배가 되었네 하는 이야기를 애써 무시했다. 하지만 가격이 열 배가 되고 스무 배에 가까워지자 마음이 조급해졌다. 주식으로 100억을 벌었다는 이야기엔 그래도 평정을 유지할 수 있었는데, 비트 코인에 관한 소식은 안정을 찾기가 쉽지 않았다. 코인 투자로 큰 수익을 거둔 사람이 주변에 있었기 때문이었다. 나는 참지 못하고 디지털 자산 거래에 뛰어들었다. 그리고 몇 개월 뒤 코인 시세가 주저앉았다. 누군가는 거품이 빠졌다고 하고, 누군가는 정상적인 조정 과정이라고 했다. 이럴 때 더 많은 코인을 모아야 한다고 이야기하는 사람도 있었다. 어쨌거나 한번 떨어진 코인 가격은 더 이상 예전으로 돌아가지 않았다.

그런 일을 겪고 난 뒤 작은 지혜가 생겼다. 제대로 된 투자법을 알게 된 것이다. 주식을 쉽게 사고파는 일로는 안정된 수익을 거둘 수 없다. 좋은 투자처를 찾아내 십 년 이상 정성을 들여야 한다. 그래서 지금은 미국 상장지수 펀드 가운데 튼튼한 두 곳을 발견해 주식을 꾸준히 사 모으고 있다. 시장 상황이 나빠지면 나는 곧 생각한다.

'잘됐군. 좀 더 싼 가격에 주식을 살 수 있겠어.'

그러면서 즐거워한다. 이런 나를 보고 이상한 투자자라고 생각
할지도 모른다. 사실은 이제야 깨달은 것뿐이다. 조금 덜 벌더라도
좀 더 행복해지는 방법을 말이다.

사람의 힘을 믿어볼걸 그랬다

보험을 들어준다는 친구의 말에 곧바로 달려 나갔다가 빗속에서
여섯 시간을 기다린 적이 있었다.

내가 보험 회사에서 초보 영업사원 딱지를 떼기 위해 한창 애쓰
고 있을 때, 그 친구는 회계사 시험 준비로 하루하루 말라가고 있었
다. 큰 시험을 준비하는 수험생의 마음을 누구보다 잘 알던 나는 시
간이 날 때마다 그 친구를 찾아가서 밥을 사주곤 했다. 받는 월급이
얼마 되지 않아서 비싼 건 힘들었지만, 그래도 영양가 있는 음식을
골라보려고 제법 고심을 했다.

"태순아, 매번 이렇게 얻어먹어서 정말 미안하다. 나중에 잘되면

너한테 제일 먼저 은혜 갚을 거다."

친구가 그렇게 이야기하면 나는 밥이나 꼭꼭 씹어 먹으라며 핀잔을 줬다. 한 끼라도 제대로 챙겨먹는 모습이 내심 흐뭇했기 때문이었다. 고생 끝에 낙이 온다더니, 그 친구는 반년 뒤에 결국 공인회계사 자격증을 얻었다. 제법 좋은 직장에도 들어가고, 앞으로 좋은 일만 펼쳐질 터였다. 그리고 얼마 지나지 않아 전화가 왔다. 비싼 걸로 보험 하나 들어줄 테니 기대하고 있으라는 친구의 말에 나는 깜짝 놀랐다.

"그러지 않아도 괜찮은데…."
"무슨 소리야. 약속했잖아. 기다려 봐. 내가 곧 연락할게."

그리고 한 달 뒤, 친구가 다시 전화를 했을 때 정말 기뻤다. 퇴근할 무렵에 찾아오라는 말에, 나는 보험 계약 서류를 챙겨들고 약속 장소로 갔다. 그러고는 한참을 기다렸는데, 친구가 도통 나타나질 않았다. 시계가 여덟 시를 가리킬 무렵, 친구한테 전화가 왔다.

"태순아, 미안하다. 갑자기 회식에 끌려왔지 뭐야. 문자로 주소 찍어줄 테니 건물 앞에서 잠깐만 기다려. 내가 곧 나갈게."

모든 삶은 실수로 시작된다

알겠다고 대답하곤 친구가 알려준 장소로 급히 이동했다. 고급 술집이 즐비한 골목에서 서성이고 있는데, 마침 비가 내리기 시작했다. 난 행여나 계약서가 젖을까 봐 서류가방을 끌어안고 빌딩 입구에서 친구를 기다렸다. 한 시간을 기다리고 두 시간을 기다려도 친구는 오지 않았다. 비바람이 거세져서 입고 있던 양복이 축축해졌다. 술집으로 찾아가 볼까 생각도 해 보았지만, 회사 사람들이 함께 있을 텐데 친구가 곤란해질까 봐 그만두었다. 그렇게 나는 새벽 두시까지 그 자리에 서 있었다. 버스고 전철이고 모두 끊긴 시간이었다. 오들오들 떨면서 택시를 잡으러 가는 길이 무척 길었다. 그 뒤로 친구는 연락을 끊었다. 나도 굳이 전화하지 않았다. 우리 둘은 그렇게 멀어졌다. 생각해 보면, 친구는 자신이 예전에 내뱉은 말에 부담을 느꼈던 것 같다.

그 일이 있은 뒤로 나는 사람들이 건네는 말을 가려듣게 되었다. 내 앞에서 웃으면서 하는 말이 진심이 아닐 수도 있겠다는 생각이 들었다. 순간랩에 와서 앉아만 있어달라는 이야기를 들었을 때도 마찬가지였다. 그때 난 사람에게 쏟아 부은 열정이 상처가 되어 더 이상 아무도 만나고 싶지 않았다.

"지금 어디세요? 아, 그 카페요?"

뜬금없이 전화를 해서 내가 있는 곳으로 오겠다는 사람을 말릴 재간이 없었다. 한 번 대답을 했더니, 그 다음부터는 아무 거리낌 없이 나를 찾아왔다. 그렇게 나는 순간랩에 머물게 되었다. 자동화 마케팅 시스템을 만들겠다는 내 말에도 이성율 대표는 선뜻 고개를 끄덕였다. 어떤 상황에서도 나를 신뢰하는 눈빛이 처음엔 부담스러웠다. 하지만 일을 진행해 나가면서 깨달았다. 믿어주는 사람과 뭔가를 해나가는 재미를 말이다.

순간랩에도 인재가 여럿 있었다. 자동화 마케팅에 관한 계획을 수립하고 온라인 시스템을 만들 단계에 이르렀을 때, 나는 팀원 한 명을 골라 함께 일하기로 마음을 먹었다. 경험치를 높여줄 생각도 있었지만, 한편으론 내가 없어도 순간랩이 문제없이 운영되면 좋겠다는 마음도 컸다. 한 사람의 힘으로 커가는 조직은 쉽게 무너진다는 걸 알고 있었기 때문이다. 그 팀원과 일 년을 고민하고 의견을 나눈 끝에 수강생 모집과 교육 과정이 모두 온라인으로 이루어지는 자동화 마케팅 시스템이 완성되었다. 이젠 나 없이도 굴러갈 거라는 말에, 이 대표가 대뜸 말했다.

"교육을 완료하면 최종 보스가 등장해야죠. 더 안 바랄게요. 한 달에 딱 한 번만 순간랩에 나와 주세요. 나머지는 제가 알아서 할게요."

엉뚱한 말에 나도 모르게 웃음이 나왔다. 날짜를 정해 순간랩에 나가기 시작했다. 농담처럼 시작된 말이었지만, 어쨌거나 최종 보스는 필요하겠다 싶었다. 시스템을 만들 때 일부러 진입 장벽을 높여 놓았다. 무료 교육을 완벽하게 이수한 다음에야 유료 교육에 접근할 수 있도록 해놓은 것이다. 의욕이 있는 사람들을 골라내기 위한 장치였다. 사실 무료 단계만 끝마쳐도 핵심 내용인 콘텐츠 마케팅을 거뜬히 해낼 수 있었다. 자신의 이야기를 만들고, 그걸 사람들에게 꾸준히 알리는 과정에 익숙해지기 때문이었다. 홈페이지에 그런 사실을 공지해 두었는데도 유료 과정을 결제하는 사람들이 생겨났다. 무료 과정과 유료 과정 모두를 성실하게 수료한 교육생들은 현장 모임에 참가할 기회를 주었다. 그때 그들을 만나는 것이 바로 내 역할이었다.

최종 보스 노릇을 하기 위해 커피숍에 들어섰을 때, 자리에 앉아 있던 사람들의 눈빛이 하나같이 반짝거렸다. 난 참 보잘것없는데, 다들 신뢰에 찬 표정으로 나를 보았다. 그때 알았다. 상대가 보여주는 믿음의 크기만큼 내 능력도 덩달아 커진다는 사실을 말이다. 나는 귀를 기울였고, 꼭 필요한 대답만 쏙쏙 골라서 해주었다. 사람들의 얼굴에 놀라움이 번졌다.

한 달이 지나고 또 한 달이 지났다. 우리가 만든 시스템을 통해 마케팅에 익숙해진 사람들이 하나 둘 늘기 시작했다. 그렇게 일 년이 흘렀을 때 이성율 대표가 재미있는 생각을 해냈다. 크고 작은 성과를 이룬 회원들을 한 자리에 모아보기로 한 것이다.

'김 사장 콘서트'라고 이름 붙인 행사가 처음 열리던 날, 생각보다 많은 사람들이 모였다. '김 사장'이 차례차례 무대에 서서 그동안의 이야기를 들려주었다. 성공담과 고생담이 이어졌고, 관객석에 앉아 있던 예비 김 사장들은 아낌없는 박수를 보냈다. 나도 제일 뒷자리에 앉아서 열심히 박수를 쳤다. 나중에는 손바닥이 얼얼할 정도였다. 마지막 김 사장이 무대에 섰을 때 이 대표가 다가와서 속닥거렸다.

"준비하셔야죠."
"뭘요?"
"앞에 나가실 준비요."
"네?"
"여기 오신 분들한테 한 말씀 해주셔야죠."

나는 고개를 저었다. 이성율 대표가 궁금해하며 물었다.

"왜요? 다들 기다리고 있는데요."
"저분들이 오늘의 주인공이잖아요. 나는 박수만 열심히 치면 돼요."

그는 하는 수 없다는 듯 고개를 끄덕였다. 그때 내 마음속엔 보람이 모락모락 피어오르고 있었다. 사람한테 받은 상처가 사람으로 치유되는 느낌을 받았다.

사람들과 이야기를 나누는 것이 주된 업무인 이상 앞으로도 많은 이들을 만날 것이다. 제법 단련이 되었다곤 해도 사람이 주는 상처는 아직도 아프다. 하지만 예전보다 빨리 이겨낼 자신이 있다. 믿는 구석이 생겼기 때문이다. 누군가가 내게 실망을 주어도 다른 누군가는 희망을 준다. 그래서일까. 이젠 사람과의 관계가 덜 무섭다.

사람을 믿을 수 있다는 건 스스로를 믿을 수 있다는 뜻이다. 내 앞에 마주앉은 한 사람이 자신을 소중하게 여길 수 있도록 나는 오늘도 가만히 귀를 기울인다.

겁내지 말 걸 그랬다

어린 시절, 여름이면 자주 듣던 말이 있다.

"자면서 선풍기 함부로 틀면 안 된다. 특히 얼굴 쪽으로 바람이 오면 안 돼. 잘못하면 죽는 수가 있어. 산소가 다 날아가거든."

일리 있어 보이는 설명에 반박할 생각조차 못하고 나는 그 말을 고스란히 믿었다. 그래서 잠을 잘 때마다 바람이 얼굴 쪽으로 오지 않도록 조심하고 또 조심했다. 얼마 전에 선풍기 바람의 진실에 관한 기사를 보았다. 과학적으로 아무 근거가 없는 이야기라고 했다. 오랫동안 철석같이 믿었던 이야기가 알고 보니 거짓이라니, 조금 허무한 생각이 들었다. 잘못하면 큰일 날까 봐 걱정하고 있었는데 그럴 필요가 없었던 거다. 맹목적인 믿음은 그래서 무섭다. 생각해 보면 그런 게 또 있다.

"나중에 커서 잘 하는 일을 하면서 살아야 해. 좋아하는 일을 직업으로 삼으면 반드시 후회할 일이 생긴단다."

어릴 때부터 이 말을 귀에 못이 박히도록 들었다. 그래서인지, 뭔가 잘 하는 게 생기면 덜컥 겁부터 났다. 나중에 이걸로 밥벌어먹는 사람이 되면 분명 후회할 거란 느낌이 들었기 때문이다. 나는 주로 다른 사람의 이야기를 듣는 일을 한다. 무자본 창업에 관한 상담을 하며 꽤 많은 사람을 만난 것 같다. 그런데 다들 비슷한 고민을 하는 걸 보았다.

"어릴 때부터 좋아하는 일로는 돈을 벌지 말라는 이야기를 들었어요. 그렇다고 잘하는 일도 딱히 없으니 대체 무슨 일을 하면서 살아야 할지 잘 모르겠어요."
"좋아하는 일을 직업으로 삼으면 결국 후회하게 됐대요. 하다가 그만두면 죽도 밥도 되지 않으니, 지겹더라도 잘 하는 일을 하면서 사는 게 좋대요."

대체 어디서 시작된 이야기인지는 잘 모르겠다. 다들 입을 모아 같은 내용을 말하는 걸 보면 우리를 불안하게 만들었던 말의 뿌리가 생각보다 깊은 것 같다.

한번은 순간랩에서 세미나를 했던 적이 있다. 며칠 동안 연달아 진행된 과정이라 참가자들과 제법 친숙해졌다. 그런데 한 학생이 유독 집중을 못하고 꼼지락거렸다. 내가 하는 강의에도 별 흥미가 없어 보였다. 슬쩍 다가가 보았더니 고개를 푹 숙인 채 뭔가를 끄적이고 있었다. 강의가 끝난 뒤 내가 그 학생에게 다가가서 물었다.

"그림이 귀엽던데, 혹시 그걸로 돈 벌 생각 없어요?"
"에이, 이런 게 무슨 돈이 된다고요."

대수롭지 않다는 듯 공책을 덮는 학생을 보며, 익숙한 느낌이 떠올랐다.

"혹시 좋아하는 일은 직업으로 삼으면 안 된다는 말이 생각나서 그래요?"
"네?"

당황해하는 표정을 보니 내 짐작이 맞는 것 같았다.

"저도 어릴 때 그런 말 많이 들었어요. 그래서 겁도 났고요. 그런데 막상 일을 하다보면, 좋아하는 것과 잘하는 것을 똑 부러지게 구분하기가 힘들어요. 사실 경계가 애매하거든요. 잘 하니까 좋아하는 경우도 있고, 좋아하니까 잘 하게 되는 일도 많고요."

그 학생에게 잠시만 공책을 펼쳐봐 달라고 부탁했다. 그림 속에서 애정이 느껴졌다. 하나하나 크기는 작지만 각자의 표정이 담겨 있었다. 편하게 끄적거린 덕분인지, 정감이 가고 친근한 느낌이 들었다.

"이렇게 매력적인 그림을 그려낼 수 있는데, 그냥 버려두면 아깝잖아요. 어때요? 좋아하는 일로 돈 한번 벌어보면. 어릴 적에 들었던 말은 너무 믿지 말아요. 해 보고 후회해도 안 늦어요."

그 학생은 말없이 세미나실 문을 나섰다. 한 달 뒤, 반가운 소식이 들려왔다. 카카오 이모티콘 스튜디오에 그 학생이 올린 그림이 제법 좋은 반응을 얻은 모양이었다. 예상 못한 결과에 다들 놀라는 분위기였다.

예전엔 나도 그랬다. 좋아하는 일은 취미로 여겨야지, 직업으로 삼으면 안 된다고 믿었다. 그런데 그 구별이 참 애매했다. 살면서 해 본 건 몇 가지 없는데, 그 가운데 좋아하는 걸 모두 빼고 나니 남

는 건 공부밖에 없었다. 힘들어도 참고 하면 좋은 날이 온다고 어른
들은 말했다.

살다보니 자꾸 입맛이 변한다. 된장찌개가 그렇다. 어릴 땐 도통
입에 안 맞더니 어른이 되고 나니 구수하게 느껴진다. 몰랐던 음식
을 발견하는 경우도 있다. 점심을 먹고 돌아오는데, 유난히 사람들
로 붐비는 가게가 눈에 띄었다. 샛노란 간판을 들여다보니 망고 음
료를 파는 곳이었다. 그냥 지나칠까 하다가 호기심이 나를 붙들었
다. 가장 저렴한 걸로 일단 주문을 해 보았다. 받아들고 한 입 먹어
봤는데, 와, 눈이 번쩍 뜨였다. 다음 날부터 밥을 먹은 뒤 습관처럼
그곳에 줄을 서기 시작했다. 요즘은 코코넛 무스가 추가된 걸로 자
주 주문한다. 망고라는 과일을 처음 맛보았을 땐 물컹하단 느낌뿐
이었는데, 그걸 이렇게 좋아하게 되다니 참 별일이다.

일도 마찬가지다. 달려들어서 맛을 보지 않으면 알 수가 없다. 그
일을 좋아하는지, 싫어하는지, 잘하는지, 못하는지 말이다. 그 일
로 돈을 벌 수 있는지 여부도 짐작만으론 가늠이 힘들다. 나한테는
노래가 그랬다. 좋아하는 마음은 있어도 그걸로 돈을 벌 엄두는 내
지 못했다. 그러다가 우연히 노래 자랑 대회 포스터를 보았다. 여
름방학에 고향에 내려갔는데, 바닷가에서 한창 행사 준비를 하고
있었다. 답답한 차에 기분전환이나 해 보자는 마음으로 참가했는

모든 삶은 실수로 시작된다

데, 생각지도 못한 상금을 받았다. 덕분에 주머니가 두둑해진 기억이 난다.

나는 어릴 때부터 말이 없는 편이었다. 그런데도 강의를 시작한 건 보험 영업 때문이었다. 무작정 사람을 찾아다니는 건 너무 힘들었다. 경제 강의를 하면서 이름값을 높이면 보험을 파는 데 도움이 될 거라고 생각했다. 처음엔 어눌하고 실수도 많았는데, 자꾸 하다 보니 말솜씨가 늘었다. 이제는 잘한다는 소리까지 듣는다. 그런데도 여전히 말하는 것보다 듣는 게 나한테는 편하다.

좋아하는 걸로는 돈을 벌기 힘들다지만, 나한테 듣기는 좋아하는 동시에 잘하는 일이기도 하다. 숫기가 없는 나에게 사람들은 말했다. 그렇게 듣기만 하면 무슨 소용이 있겠느냐고. 맞장구도 치고, 타이밍에 맞춰 웃기도 해야 분위기가 살아난다는 충고를 여러 번 들었다. 그런데 기업 코칭을 하면서 내 밋밋한 듣기가 오히려 장점이 되었다. 말없이 귀를 기울이는 모습에 믿음이 간다고 했다. 그때 깨달았다. 충고가 때론 쓸모가 없다는 사실을 말이다. 만약 내가 말솜씨를 뽐냈다면 코칭을 십 년 넘게 해오지는 못했을 거다.

말레이시아 근처의 바다에 배 위에서 사는 사람들이 있다. 흔들리는 배가 삶의 터전인 그들은 막상 땅에 발을 디디면 어지러움을 느낀다. 익숙한 배 위를 떠나는 것이 그들에겐 무척 두려운 일일 것이다.

공부라는 말만 들어도 가슴이 답답하던 시절이 있었다. 책을 읽고, 교과서를 외우고, 문제집을 푸는 지루한 시간이 내겐 공부의 전부였다. 하지만 익숙한 그 배에서 내릴 엄두를 내지 못했다. 유일한 장점인 공부와 멀어지는 게 두려웠기 때문이다.

얼마 전 우리 아이들이 새로운 게임을 익히는 속도에 깜짝 놀랐던 기억이 난다. 궁금한 게 생기면 큰아이와 작은아이는 유튜브부터 들여다본다. 다른 나라 사람이 만든 영상을 일부러 찾아서 보기도 한다. 자막 덕분에 별 어려움을 느끼지 않는 눈치다. 나도 요즘은 유튜브를 보면서 공부를 한다. 알려지지 않은 최신 정보도 영상 덕분에 손쉽게 익힌다. 똑똑한 알고리즘이 필요한 정보를 찾아주기도 한다. 덕분에 요즘은 공부가 재미있다.

다들 어린 시절의 기억을 안고 살아간다. 때론 그 기억이 우리를 불안하게 만들기도 한다.

"좋아하는 일로 돈 벌면 안 된다."

이 말이 틀렸다는 걸 일찌감치 깨달아서 다행이다. 그래도 좋아하는 일이 직업이 될까 봐 겁을 냈던 때를 떠올리면 아직도 좀 억울하다.

작은 실패에 연연하지 말 걸 그랬다

나에게 돈에 대해 많은 것을 알려주신 스승님은 거친 시장통에서 이리 저리 부딪히며 자리를 잡았던 분이다. 그러다 보니 상대에게 뜻을 전하는 방식이 자못 거칠었다. 유달리 차분한 성격인 나는 빠릿빠릿한 스승님을 답답하게 만들었고, 그래서 이 답답아 소리는 일상다반사로 듣곤 했다.

내가 스승님과 만난 지 얼마 되지 않았을 때의 일이다. 우리 집에 찾아와서 밥 한 끼를 드시고 간 스승님은 얼마 뒤 나와 아내를 식사에 초대해주셨다. 가지고 있는 옷 가운데 제일 깔끔한 걸 꺼내 입고 약속장소로 갔더니, 근사한 호텔에 자리 잡은 레스토랑이었다. 식사를 마친 뒤 스승님이 플라스틱으로 된 납작한 카드키를 내미셨다.

"태순아, 경치 좋은 방 하나 예약해 뒀다. 오늘은 안사람과 함께 거기서 머물도록 해라. 사람은 자기가 경험한 만큼 꿈의 크기가 커지는 거더라. 내가 그랬어. 내가 중학생 때 우리 아버지가 사업에 실패해서 잘 살던 집이 풍비박산 났던 건 너도 알고 있지? 그 일이 있고 나서 정말 고생이 많았어. 너도 생각해 봐라. 도련님으로 불리던 사람이 갑자기 삼시세끼를 걱정하는 처지가 되니, 얼마나 힘들었겠냐? 그런데 이상하게 내 머릿속에 한 가지 기억이 자꾸 떠오르더라. 어릴 때 부모님과 호텔에서 밥을 먹었던 적이 있거든. 제법 큰 식당이었는데, 다 먹고 나올 때 지배인과 직원들이 나란히 서서 정중하게 인사를 건네더라고. 나중에 자라서 대학 가는 것도 포기하고, 낡은 트럭 하나를 사서 장사를 시작했을 때 나도 모르게 그때 기억이 났어. 그러면서 생각했지. 나중에 내가 번 돈으로 그런 데서 꼭 밥 한 번 먹어 봐야지 하고 말이야. 태순아, 나중에 너한테도 아이들이 생길 거야. 어릴 때 가끔이라도 좋은 데서 밥도 먹고 잠도 자는 경험을 선물해주도록 해. 그러면 세상을 보는 눈이 넓어질 거야. 오늘 좋은 시간 보내라."

스승님이 마련해주신 방은 앞이 훤히 트인 전망 좋은 곳이었다. 아내와 나란히 서서 창밖을 내다보니 도심의 불빛이 한눈에 들어왔다. 단 하루였지만, 그날의 풍경은 우리 두 사람에게 오래도록 좋은 기억으로 남았다. 그 다음부터였던 것 같다. 말과 행동에 조금씩 여유가 생기기 시작한 게 말이다.

  고시공부를 위해 학교에서 마련해준 기숙사에서 살고 있을 때, 매 끼니 단골 메뉴는 학교 식당의 음식이었다. 공부하는 건물에서 멀지 않은 곳에 늦은 시각까지 문을 여는 식당이 있었다. 음식 가격이 저렴한 편이라 주머니가 가벼운 고시생들은 으레 그곳을 찾았다. 다른 곳에서 먹는 것보다 식비를 아낄 수 있어서 나도 자주 거기에 갔다. 이천오백 원짜리 식권을 한꺼번에 사면 열 장을 이만 원에 할인해주었다. 그걸 한 장 떼서 밥을 먹으러 갈 때면 주머니에 비닐봉지 하나씩을 챙겼다. 학생들이 많이 오는 식당이라 그런지 제법 인심이 후했다. 반찬은 몰라도 밥은 마음껏 먹을 수 있었다. 먼저 받은 밥을 다 먹은 뒤 식판을 가지고 커다란 전기밥솥 앞으로 갔다. 거기서 주걱으로 밥을 한가득 퍼 담은 뒤 구석 자리로 돌아왔다. 일하는 아주머니들 눈을 피해서 비닐봉지 안에 새로 떠 온 밥을 옮겨 담았다. 기숙사에 돌아와서 그 밥을 냉동실에 얼려 두었다.
  생활비가 떨어질 즈음이 되면 그 밥을 녹인 뒤 계란과 볶아서 한 끼 식사를 해결했다. 간장을 뿌려먹으면 제법 먹을 만했다. 어떻게든 한 푼이라도 아껴보려고 애쓰던 시절이라 궁색한 식사도 고마웠다. 그저 공부만 열심히 하라며 부모님이 매달 돈을 보내주셨지만, 그걸 쓸 때마다 마음이 무거웠다. 짧은 시간에 할 수 있는 설문조사 아르바이트가 들어오면 얼른 나가서 해치우고 돌아오곤 했다. 빈

실수 26 작은 실패에 연연하지 말 걸 그랬다

강의실에 학생들을 모아놓고 제품에 대한 감상을 모아오는 것이었다. 한번 나갔다오면 일주일치 식비는 마련이 됐다. 나중에는 그것마저 하지 못했다. 공부에 지장을 줄까 봐 걱정이 되어서였다. 이래저래 마음이 편치 않은 나날이었다. 삶의 여유 같은 건 아예 기대도 할 수 없었다.

스승님의 소개로 중견 기업의 회장실을 방문했던 적이 있다. 이런 것도 다 공부라며 각계각층의 사람들을 만날 수 있는 자리를 종종 마련해주시곤 했다. 스승님의 체면을 생각해서인지, 아니면 애늙은이 같은 내 태도가 특이했는지, 아무튼 다들 나한테 잘해주셨다. 그날도 커다란 소파에 마주앉아서 회장님의 이야기를 듣고 있었다. 문밖에서 똑똑 하는 소리가 들리더니, 잠시 뒤 비서가 결재 서류를 들고 왔다. 서류를 훑어보던 회장님이 문득 고개를 들고 나한테 물었다.

"태순 씨, 이게 무슨 서류인줄 알아요?"

"아니오."

"인사 관련 서류예요. 이 안에 한 사람의 이름이 쓰여 있어요. 임원 후보인데, 어떻게 일하는지 지켜보려고 반년 정도 시간을 줬어요. 그런데 얼마 전에 제보가 들어왔어요. 이 사람이 회사 돈 삼천만 원을 자기 마음대로 썼다고요. 확인해 보니 사실이었어요. 자,

모든 삶은 실수로 시작된다

나는 어떻게 해야 할까요?"

　당연히 잘못을 묻고 회사에서 내보내야 한다고 대답하려고 했다. 그런데 회장님이 웃으면서 말했다.

　"나는요, 이 사람을 채용할 거예요. 이유가 궁금한 표정이네요. 우리 회사는 건설을 주 업종으로 하고 있어요. 그래서 임원들이 큰 돈을 만질 기회도 많지요. 전임자들이 썼던 액수에 비하면 이 정도는 가벼운 편에 속해요. 그래서 내 눈엔 이 사람이 비교적 정직해 보인답니다."

　바라보는 관점에 따라 사람을 판단하는 기준도 달라질 수 있다는 걸 그때 알았다. 돈 수천만 원이 아깝지 않은 사람은 없다. 한 회사를 호령하는 회장님한테도 그건 적지 않은 금액이다. 그날 회장님이 아들뻘 되는 나한테 가르쳐주고 싶었던 것은 통 큰 호걸의 모습이 아니었다. 건설회사의 임원은 많은 일을 해내야하는 어려운 자리다. 그런 자리에 사람을 앉히려면 융통성을 발휘해야 한다는 걸 알려주고 싶었던 거다. 모든 면에서 완벽한 사람은 없는 법이니 말이다.
　그때 나도 사람들 탓에 여러 일을 겪고 있었다. 도움도 받았고, 사기도 당했다. 작은 일에 연연하지 말라지만, 받은 도움이 기쁜

실수 26 작은 실패에 연연하지 말 걸 그랬디

만큼 입은 손해는 일일이 신경 쓰였다. 내가 어리숙한 까닭에 그런 일을 겪은 거라고 자꾸만 자책하는 마음이 생겼다. 그런데 그 회장님을 만난 뒤로는 생각이 바뀌었다. 여태껏 그렇게 많은 사람을 만났는데, 이 정도 손해만 입고 끝난 게 운이 좋았다고 생각하게 된 것이다.

아이들이 커가면서 한번은 좋은 곳에서 잠을 재워줘야지 생각은 했지만 선뜻 기회가 나질 않았다. 그러다가 마침 좋은 제안이 들어왔다. 문을 연 지 얼마 안 된 벤처 회사의 코칭을 해주었는데, 그곳의 대표님이 고맙다며 나를 찾아온 것이다. 덕분에 회사가 번창했으니 어떻게든 보답을 하고 싶다고 했다. 곰곰이 생각하던 나는 작은 호텔의 하루치 숙박권을 선물해줄 수 있는지 물었다. 방 크기는 상관없었다. 그저 네 식구가 하룻밤 묵을 정도면 충분했다. 대표님은 흔쾌히 고개를 끄덕였다.

막상 도착해 보니 호텔 분위기가 제법 좋았다. 아이들이 아직 어린 터라 내심 기대했던 반응은 나오지 않았다. 아이들은 고급 레스토랑의 스테이크나 세련된 실내 장식보다 깨끗한 물이 찰랑거리는 호텔 수영장을 더 좋아했다. 실컷 물놀이를 하고 밥도 배불리 먹은 뒤 다 같이 호텔방에 돌아왔다. 사각사각한 이불이 깔린 푹신한 침대 위에 아이들이 신나게 뛰어들었다. 침대에서 구르면서 한참을 놀다가, 문득 일어나 창밖을 보며 말했다.

"아빠, 바깥이 몽땅 반짝반짝 해요. 우리 집은 어디에 있는 거예요?"

창문에 붙어 서서 유리창에 코를 댄 아이들을 보니, 나란히 밤풍경을 내려다보던 아내와 내가 떠올랐다. 두 아이가 기억할 오늘의 풍경이 좋은 추억으로 남았으면 하는 생각이 들었다. 언젠가 아이들도 많은 사람을 만나 다양한 경험을 하게 될 것이다. 그때 내가 겪었던 실수를 들려주며 마주보고 깔깔 웃었으면 좋겠다는 마음이 들었다.

가끔은 엉뚱해져 볼걸 그랬다

"신태순 씨는 이런 데 참 소질이 없는 것 같아요."

버터플라이 인베스트먼트라는 회사를 만들기 전, 최규절 대표님과 매일같이 마주앉아 무자본 창업에 관해 의논을 하곤 했다. 그럴 때면 나는 하루에도 몇 번씩 한심하다는 표정과 마주해야 했다. 여러모로 용을 썼지만 돌아오는 대답은 한결같았다. 나한테는 참신한 아이디어가 부족하다는 타박이었다. 자기 전까지 끙끙대며 생각을 짜내보아도, 다음 날 탁자 앞에 앉으면 나는 여지없이 쭈그러들었다. 그런 나를 놀리기도 하고, 무안 주기도 하면서 최 대표님은 손쉽게 아이디어를 꺼내 들었다. 본인은 어려울 게 없다는 표정인데,

그렇게 해서 나오는 생각들은 솔직히 말해 부러울 정도였다.

미국에 달을 파는 사람이 있다. 데니스 호프라는 인물이 그 주인공인데, 루나 엠버시라는 우주 부동산 회사를 만들고 그럴듯한 홈페이지까지 꾸며 놓았다. 말도 안 되는 이야기 같지만, 벌써 육백만 명이 그 회사를 통해 달에 있는 땅을 구입했다. 조지 부시, 로널드 레이건, 지미 카터 같은 미국 전직 대통령과 니콜 키드먼, 톰 크루즈 같은 유명인들도 다들 그의 고객이다. 언뜻 보아서는 사기나 다름없는 데니스 호프의 행동은 놀랍게도 법적 근거까지 갖추고 있다. 미국 샌프란시스코 법원도, 독일 법원도, 심지어 유엔에서도 달 소유권을 주장하는 그의 손을 들어주었다. 이유는 터무니없을 만큼 간단했다.

"데니스 호프가 누구보다 먼저 달이 자신의 것이라고 말했다."

오직 이 사실 덕분이었다. 믿기 힘들겠지만 말이다. 우주에 떠 있는 천체의 소유권은 이미 1967년에 결론이 난 상태였다. 어떤 국가도 자신의 것이라고 주장할 수 없다고 유엔에서 합의를 했기 때문이었다. 하지만 이 조약은 국가에 해당하는 것이고 자신은 개인이므로 상관없다는 주장을 그가 펼쳤다. 그리고 결국 달의 땅을 팔 수 있는 권리를 스스로 얻어냈다.

그가 운영하는 회사의 홈페이지에 들어가서 간단한 서류를 작성한 뒤 3만 원 정도를 내면 증서를 받을 수 있다. 이 금액에는 달 한쪽의 땅값, 세금, 그리고 등록비가 모두 포함되어 있다. 이렇게 해서 지금까지 그가 벌어들인 돈이 벌써 70억 원 가까이 된다. 그는 내친김에 화성, 수성, 금성 땅도 자신의 것으로 만들어서 달과 함께 판매하고 있다.

내가 보기엔 최규철 대표님도 달을 파는 그 사람만큼이나 상상력에 한계가 없는 사람이었다. 어이가 없을 정도로 터무니없는 아이디어를 떳떳하게 입 밖으로 꺼내곤 했다.

'어때요. 내 생각 정말 대단하지요?'

이런 표정을 자신만만하게 지어 보이면서 말이다. 그럴 때마다 억울한 마음이 들었다. 나는 왜 저렇게 기발한 생각을 해내지 못할까 하고 말이다.

처음 보험 영업에 뛰어들었을 때 어떻게든 엉뚱한 방법으로 고객들의 눈길을 끌어보려고 애를 썼다. 등 뒤에 깃발을 꽂고 길의 이쪽 끝에서 저쪽 끝까지 걸어보기도 하고, 재래시장 한가운데에 자리를 잡고 앉아서 오가는 상인들에게 무턱대고 아는 척을 해 보기도 했다. 아무 사무실이나 문을 열고 들어가서 무슨 볼일이 있는 것처럼 책상 사이를 누비고 다닌 적도 있었다. 하지만 나를 가둔 상식의

틀은 생각보다 튼튼했다. 틀에 맞춰 살아온 시간이 길었던 탓인지, 일부러 해 본 행동들도 남의 옷을 입은 것처럼 어색했다.

"어떤 행동을 하더라도 진짜라고 스스로 믿어야 한다."

나한테 엉뚱한 영업 비결을 가르쳐준 강사는 항상 이 말을 강조하곤 했다. 난 그때 주저했던 것 같다. 정말 이렇게까지 해야 하나 망설이면서 말이다. 상식에서 벗어난 행동을 하면서 스스로를 엉뚱한 사람이라고 믿지는 못했다. 그저 흉내만 내보려고 애썼을 뿐이다.

처음 투시에 관한 이야기를 들었을 때 반쯤은 사기일거라 생각하면서 수강료를 입금했다. 수업 첫날, 나는 긴가민가하는 마음으로 강의실에 앉아 있었다.

"제가 여러분에게 알려줄 투시는 초능력의 일종입니다. 러시아가 소비에트 연방의 중심 세력으로 자리 잡았던 시절, 그들은 적대국에 보낼 스파이를 양성할 목적으로 여러 종류의 초능력을 실험했습니다. 그 결과, 초능력이 훈련을 통해 발달할 수 있다는 걸 알게 되었지요. 사물을 꿰뚫어보는 투시도 그런 능력 가운데 하나입니다. 당시 스파이들이 실제로 훈련받았던 내용들을 고스란히 가져왔습니다. 오늘부터 여러분은 사물이 내보내는 전파를 읽는 법을 배울 겁니다. 이를 통해 투시 능력을 발달시킬 수 있습니다. 누구라도 말이지요."

선생님의 말에 나는 귀가 솔깃해졌다. 수업시간에 필요한 교재는 흰 종이와 볼펜 한 자루가 다였다. 강의의 대부분은 선생님이 가려 놓은 물건의 전파를 받아들여 손이 가는 대로 종이 위에 선을 그려 보는 것으로 채워졌다. 제대로 배우고 있는 건지는 알 수 없었다. 그 강의실에 앉아 있는 사람이 나 혼자가 아니라는 사실이 신기할 뿐이었다. 두 달 뒤, 마지막 수업 시간이 다가왔다.

"여러분, 그동안 애쓰셨습니다. 이제 그간의 성과를 확인해 볼 차 례입니다. 교탁 위에 놓인 모니터가 보이지요? 화면이 꺼져 있어 서 그 안에 무슨 그림이 있는지 전혀 보이지 않을 거예요. 저도 지 금 어떤 그림이 들어 있는지 모릅니다. 여러분과 함께 해 보기 위해 무작위로 그림을 지정해 놓았거든요. 이제부터 투시를 해서 모니터 안쪽을 들여다보세요. 그림이 보내는 전파를 느끼면서 앞에 놓인 종이 위에 선을 그려 보면 됩니다."

선생님은 앞쪽 탁자에서 따로 투시를 하고, 학생들은 서로의 종 이가 보이지 않도록 떨어져 앉은 채 투시를 시작했다. 30분이 흐른 뒤 선생님이 말했다.

"자, 이제 펜을 놓고 각자의 종이를 뒤집어 놓으세요. 하나, 둘, 셋 하면 한꺼번에 그림을 드는 겁니다."

선생님이 셋을 셌을 때 우리들이 들고 있던 종이 속에는 꼭 닮은 그림이 그려져 있었다. 밝아진 모니터에도 그 그림이 있었다. 다들 놀라서 서로를 쳐다보았다. 내 그림도 다른 사람들의 것과 비슷했다. 그 뒤로 눈에 안 보이는 세상을 믿게 되었다. 방금 들려준 이야기가 엉뚱해 보일지도 모른다. 하지만 이제는 안다. 꼭 쓸모 있는 것들로 삶을 채워갈 필요는 없다는 걸 말이다. 어쩌다 즐거운 것, 잠깐 신기한 것, 조금 재미있는 것만으로도 손톱만큼의 의미는 충분히 찾을 수 있다. 만약 어린 시절의 나한테 이 말을 들려줬다면, 지금보다 한층 엉뚱한 사람이 되어 있을지도 모르겠다. 그럼 분명 이런 말을 들으며 살았을 것이다.

"신태순 씨, 엉뚱한 걸로는 진짜 최고예요! 도무지 당해낼 재간이 없다니까요."

실수 27 가끔은 엉뚱해져 볼걸 그랬다

눈앞의 행운에 만족할걸 그랬다

나는 운전에 서투르다. 차를 모는 건 으레 아내의 몫이다. 가족이 함께 길을 떠날 때면 아내는 앞쪽에서 운전대를 잡고 나는 뒤쪽에서 아이들을 돌본다. 그러면서 맡겨진 일을 수행하기 위해 고군분투한다. 나란히 앉아 있는 두 아들의 지루한 여행길을 즐겁게 만드는 임무 말이다. 그 일이 힘들지 않느냐고 하지만, 오히려 나한테는 앞뒤좌우를 신경 써야 하는 운전이 더 버겁다. 다행스럽게도 아내는 차 안에서 아이들과 씨름하는 것보다 운전을 하는 게 적성에 맞는다며 기분 좋게 앞좌석에 앉곤 한다. 이제는 그 차를 쓰지 않지만, 몇 년 전까지만 해도 아내가 모는 하늘색 자동차를 아이들은 무척 좋아했다. 차체가 워낙 귀엽기도 하고, 색상도 눈에 띄는 편이라 커다란 장난감처럼 여겨졌던 모양이다. 사실 그 차는 처음부터 우리 것은 아니었다.

그때 우리는 강원도로 향하는 길이었다. 아직 둘째가 태어나기 전이라, 아내가 운전하는 차 뒤쪽에서 큰아이와 함께 나름 평화로운 시간을 보내고 있었다. 오후에 있을 행사를 위해 여유를 두고 출발한 터라, 가는 길은 바쁘지 않았다. 저녁에는 근처 콘도로 이동해 하룻밤 머물고 오기로 일정을 잡았다. 덕분에 우리 세 사람은 여행에 나선 듯 들뜬 기분이었다. 한참을 신나게 달리고 있는데, 문득 아내의 목소리가 높아졌다.

"어, 왜 저러지?"

고개를 돌렸더니, 차 앞쪽에서 가느다란 연기가 피어오르고 있었다. 화들짝 놀라서 차를 갓길에 세운 채 뚜껑을 열었다. 엔진에서 매캐한 냄새가 솟아나면서 뿌연 연기가 가득했다. 어째 집을 나설 때부터 차가 덜컹거리는 느낌이 들었는데, 아무래도 낡은 차를 조심성 없이 계속 모는 바람에 이런 상황에 이르게 된 모양이었다. 이대로 길을 재촉하는 건 너무 무모하다 싶어서, 보험회사에 연락을 한 뒤 아이를 꼭 끌어안고 차 안에 앉아서 한참을 기다렸다. 시동을 꺼놓긴 했지만 앞쪽에서 피어오르던 연기를 떠올리니 오싹한 기분이 들었다. 한 시간 뒤 도착한 견인차에 우리 차를 실어 보내고, 보험회사 직원분이 몰고 온 자동차를 얻어 타고 겨우 행사장에 닿았다.

미리 잡아놓은 방에 아내와 아들을 데려다주고 안정을 취하게 한 뒤, 얼른 약속장소로 향했다. 행사장에 도착해 오늘 고속도로에서 벌어진 일을 간략하게 설명하며 정중하게 사과를 했다. 막 자리에 앉으려는데, 뒤쪽에서 한 사람이 손을 들었다. 그분이 자리에서 일어나며 말했다.

"평소에 말씀 많이 들었습니다. 신태순 대표님, 혹시 차 필요하지 않으신가요? 중고차라도 괜찮으면 제 차 쓰십시오. 부담 갖지 않으셔도 됩니다. 제가 차가 여럿이라서요. 선물로 한 대 드리고 싶습니다."

생각지도 못한 제안에 나는 어안이 벙벙해졌다. 혹시 농담처럼 던진 말이 아닐까 하는 생각도 들었다. 그런데 며칠 뒤, 정말로 연락이 왔다. 그분이 나를 데리고 아파트 지하의 주차장으로 내려갔다. 눈앞에 하늘색으로 반짝거리는 작고 귀여운 승용차 한 대가 서 있었다. 겸손하게 중고차라고 말씀은 하셨지만, 어느 모로 보아도 새 차와 다름이 없었다. 그분이 건네준 차 열쇠를 받아드는

모든 삶은 실수로 시작된다

데, 기분이 붕붕 뜬 느낌이었다. 내가 전한 소식에 깜짝 놀란 아내가 말했다.

"차를…, 받았다고요? 그것도 선물로요?"

나중에 실물을 보고 나서야 내 말을 믿는 눈치였다. 환한 색깔의 차를 보고 아이가 좋아서 깡충깡충 뛰었다. 그날 저녁에 나란히 누워서 아내와 나는 뜻밖의 행운에 대해 이야기를 나누었다. 그리고 다음 날부터 신나게 하늘색 차를 몰고 다녔다.

우리에게 통 큰 선물을 기꺼이 건넸던 그분은 경제의 흐름을 읽어내어 일찌감치 큰돈을 벌어들인 사업가였다. 그 뒤로도 가끔 만나서 세상 돌아가는 이야기를 나누곤 했는데, 워낙 말을 재미있게 해서 한번 마주앉으면 시간가는 줄 몰랐다. 알고 보니 그분은 내가 예전부터 가깝게 지냈던 어른과도 친분이 있었다. 그 어른이 젊고 견실한 청년들과 왕래하는 걸 즐긴다는 사실을 잘 알고 있었던 나는 그 사업가에 대해 자연스럽게 좋은 감정을 갖게 되었다. 그러던 어느 날이었다. 오랜만에 만나서 여느 때처럼 즐겁게 이야기를 나누고 있는데, 그 사업가가 기쁜 목소리로 말했다.

"제가 지난번에 새롭게 준비 중인 사업에 대해 말씀드렸잖아요.

실수 28 눈앞의 행운에 만족할걸 그랬다

이제 곧 시작할 수 있을 것 같아요. 시기가 거의 무르익었거든요."

안 그래도 그분이 공유 주방 사업에 관해 이야기했던 게 떠올라서 나는 고개를 끄덕였다. 그리고 며칠 뒤, 문서 하나를 만들어서 그분에게 보냈다. 때마침 배달 음식이 한창 인기를 끌고 있었다. 부엌을 빌려주는 사업도 덩달아 관심을 받았다. 그런 흐름에 발맞출 수 있는 공유 주방의 방향성, 장단점과 주의 사항, 확장성과 미래 가치 등을 문서 안에 빼곡히 담았다. 예전에 차를 받은 은혜가 생각나서, 내가 가장 잘하는 일로 도움을 드리고 싶었다. 이메일을 보내고 얼마 지나지 않아 그분이 전화를 걸어왔다.

"신 대표님, 정말 감동입니다. 짧은 시간에 이런 문서를 만들어주시다니요. 놓쳤던 부분까지 짚어주셔서 큰 도움이 되었습니다. 그래서 말인데요, 한 가지 제안 드릴 게 있습니다."

새로운 회사의 고문을 맡아달란 부탁에 나는 수락했다. 부담이 되는 건 사실이었지만, 나만의 역할이 있을 거라는 생각이 들었다. 내가 제안을 받아들이자, 그분이 무척 미안해하며 말했다.

"어쩌죠. 이럴 줄 알았으면 지분을 좀 더 남겨두는 건데. 사업성이 크다 보니 벌써 여러 분이 투자 의사를 밝혀 오셨어요. 가만있자, 그럼 이번엔 30만원만 투자하세요. 다음에 기회가 생기면 더 말씀드리겠습니다."

나는 흔쾌히 30만원을 그분에게 보냈다. 정확히 한 달째 되던 날, 그분한테 문자 한 통이 왔다. 1차 투자금이 생각보다 빨리 회수가 되었으니 확인해 보라는 내용이었다. 통장에 찍혀 있는 금액을 보고 나는 깜짝 놀라고 말았다. 그분이 보낸 금액은 무려 600만 원이었다. 30만 원이 자그마치 스무 배로 돌아온 것이었다. 그분과 나를 동시에 알고 계신 어른이 그날 저녁에 전화를 걸어왔다.

"신 대표, 내가 그동안 얼마나 많은 사람들한테 헛돈을 써왔는지 자네는 알고 있지? 투자한 돈을 이렇게 크게 되돌려 받은 건 이번이 처음일세, 하하."

그 어른은 공유 주방 사업에 5억 원을 투자했는데, 한 달 만에 6억 원을 돌려받았다고 했다. 사정이 어려운 신생 벤처 기업에 자본을 대는 엔젤 투자가로 이름 높은 그 어른 입장에서도 흔치 않은 경험이었다. 나는 아내 몰래 모아두었던 쌈짓돈 400만 원을 꺼냈다. 그리고 받은 돈 600만원과 더해 두 번째로 모집하는 공유 주방 프로젝트에 투자했다. 엔젤 투자로 잔뼈가 굵은 그 어른은 나보다 더 큰 결심을 하셨다. 보유하고 있던 아파트 한 채를 처분해 10억 원을 투자금으로 내놓았다. 나한테 여윳돈이 더 없는 게 안타까웠다. 황금 알을 낳는 거위와 다름없는 기회였다.

그 어른과 나의 판단이 맞아들었는지, 공유 주방 사업은 나날이 번창했다. 하루가 다르게 지점이 늘었고, 매출 규모도 증가했다. 그러면서 몇 차례 투자금을 정산 받을 기회가 있었다. 그럴 때마다 다음에 받겠다며 결정을 미뤘다. 더 큰돈을 만질 기대에 부풀었기 때문이었다. 그리고 4년 뒤, 상황이 바뀌었다. 비슷한 업체가 많아지면서 경쟁력이 떨어진 게 원인이었다. 10억 원이나 투자했던 그 어른이 말했다.

"아니, 어떻게 이럴 수가 있지? 그 잘되던 사업이 이렇게 하루아침에…."

그 사업가는 어떻게든 버텨보려 노력했지만, 시장의 힘은 무서웠다. 사업 규모는 축소됐고, 투자금은 고스란히 손실로 돌아왔다. 후회가 되었다. 30만 원이 600만 원으로 돌아왔을 때 멈췄으면 좋았을 텐데 하고 말이다. 사실 알고는 있었다. 눈앞에 있는 행운에 만족하지 못하면 결국 한탄할 일이 생긴다는 것을 말이다. 그런데도 욕심이 앞서서 아는 것을 제대로 실천하지 못했다.

모든 삶은 실수로 시작된다

그 사업가가 선물해 준 하늘색 자동차를 그 뒤로도 한동안 타고 다녔다. 두 아이를 양팔에 껴안고 뒷좌석에 앉아서 그 차를 모는 아내의 뒷모습을 바라볼 때마다 어쩔 수 없는 회한에 잠겼지만, 하는 수 없는 일이었다.

맞다, 그러고는 한동안 잊고 살았는데, 그때 손해 본 비상금을 얼마 전에 들켜서 아내한테 한소리 들었다, 흑.

게으름의 위력을 알아챌걸 그랬다

약속이 잡히면 일부러 일찌감치 집을 나선다. 등에 메는 가방에 생수 한 통을 넣고 느릿느릿 걷다보면 주변 풍경이 눈에 들어온다. 엊그제 비가 흠뻑 내린 탓인지 집 앞 정원의 나무 색깔이 훨씬 푸르러졌다. 유난히 맑은 하늘도 쳐다보고, 놀이터를 오가는 꼬마들도 바라보고, 산책하느라 신이 난 강아지도 지켜본다. 그렇게 게으름을 피우면서 약속 장소에 도착하면 자리에 앉아서 주위를 둘러본다. 상대가 늦어도 별 신경을 쓰지 않는다. 아무것도 하지 않고 기다리는 시간이 지루하지 않다. 머리를 텅 비운 채 보내는 순간들이 하루하루 쌓이는 게 좋다.

나도 조급했던 때가 있었다. 잠시라도 가만히 있으면 마음이 불편했다. 그래서 계속 사람을 만나고, 잠깐 짬이 나면 책을 펼쳤다. 걸어가면서도 책을 읽었고, 버스나 지하철도 가리지 않았다. 약속과 약속 사이에 몇 시간쯤 빌 때가 있으면 길가에 있는 아무 책방에나 들어갔다. 자기개발 서적이 모여 있는 책장 근처에 오도카니 자리를 잡고 앉아서 새로 나온 책을 읽고 또 읽었다. 그때 나는 머릿속이 무척 시끄러웠다. 앞으로 어떻게 살아야 하나, 무슨 마음을 가져야 제대로 사는 걸까 고민이 가득했다. 아무것도 하지 않고 가만히 있으면 머릿속에서 목소리가 다투기 시작했다. 이렇게 살아야 한다, 저렇게 살아야 한다, 시끄럽게 떠드는 소리에 골이 지끈거렸다. 책을 읽기 시작하면 잠시 그 소리가 멈췄다. 하지만 그건 잠깐의 해결책에 불과했다. 이 책을 읽으면 요 말대로 실천을 해야 할 것 같고, 저 책을 읽으면 당장 그 말을 행동으로 옮겨야 할 것 같았다. 해결책이 많아질수록 가슴이 답답해지는 악순환이 이어졌다. 하지만 그때는 스스로 잘 살고 있다고 착각했다. 일 초도 허투루 보내는 시간 없이 꽉 채워 지내고 있었지만, 그저 기계적으로 움직일 뿐이었다. 감동도 기쁨도 없었다. 그러다가 저녁이 되면 돌아가는 길에 하숙집 근처 구멍가게에 들렀다. 그땐 천 원이면 막걸리 한 통을 살 수 있었다. 빈속에 술을 들이부으면 취기가 올라와서 쉽게 잠들 수 있었다. 술 없이 맨정신으로 자리에 누우면 낮에 읽었던 책 속 구절들이 천장 위로 끊임없이 지나갔다. 밤새 그런 상태로 천장

을 보며 뜬눈으로 지새웠다. 술 없이는 하루도 견디기 어려운 날들
이 그렇게 흘러가고 있었다.

내가 몇 년째 하던 공부를 놓고 신입사원으로 보험회사에 들어갔
다는 소식에 어머니는 아버지를 이끌고 당장 서울에 올라오셨다.
커다란 사무실 한쪽에 놓인 책상에 앉아 고객들에게 설명할 보험
약관을 살펴보고 있는데, 지점장님이 계신 방에서 한바탕 시끄러운
소리가 들렸다. 어쩐지 익숙한 느낌에 가만히 귀를 기울여보니, 언
성을 높여 이야기하는 어머니의 목소리가 들려왔다.

"당신이네! 당신이 순진한 내 아들을 꼬드겼네. 아이구야, 세상
에 어쩜 이런 일이 다 있나. 가만히 앉아서 내도록 공부만 하던 애
가 뭘 알겠나. 내 놔라. 당장 내 아들 내 놔라."

멀리 있는 벽 하나를 사이에 두고 어머니가 악을 쓰고 계셨다. 난
그냥 얼어붙은 듯 움직이지 않았다. 그때 나는 모든 것으로부터 달
아나고 싶은 마음뿐이었다. 어머니와 아버지가 지점장실에서 나오
는 모습을 보고, 나는 말없이 다가가서 회사 근처 커피숍에 부모님
을 모시고 갔다.

"전 이제 예전처럼 살지 않을 거예요. 더 이상 저한테 공부하라는

말씀 하지 마세요. 자꾸 그러시면 하숙집도 옮기고, 연락도 끊을 거예요."

전에 없이 강한 내 말투에 어머니는 다급하게 고개를 끄덕였다. 덜컥 겁이 나는 표정이었다. 이제부터는 전부 네 맘대로 하라며, 다 알아들었다며 급하게 자리를 뜨셨다.

마침내 얻은 자유에 홀가분한 생각이 들었지만, 그 마음은 일주 일도 가지 않았다. 알아서 살겠다고 큰소리 친 뒤끝이 길었다. 마음 한 켠에서 부담감이 서서히 고개를 들기 시작했다. 어떻게 살라고 강요하는 사람도 없는데, 좁은 틀 안에 나를 가두고 스스로를 다그쳤다. 어떻게든 잘 살 방법을 찾겠다는 마음이 손에서 책을 놓지 못하게 하고, 바깥에서 정답을 찾아 헤매는 바보짓을 하게 만들었다.

큰아이가 유치원에 다닐 때만 해도 괜찮았는데, 초등학교에 들어가고 난 뒤 아내의 걱정이 부쩍 늘었다. 나도 고민하는 시간이 길어졌다. 주위는 너무 빨리 움직이고, 거기에 발맞추려면 아이가 버거워할 게 눈에 뻔히 보였기 때문이다. 한번은 아이들을 데리고 놀이터에 갔는데, 큰아이 또래의 초등학생 한 명이 그네를 타고 있었다. 바로 옆에 서 있던 아이의 엄마가 휴대폰을 들여다보며 초조하게 말했다.

"딱 삼 분이야. 삼 분만 더 타는 거야. 학원 버스 올 시간 됐어."

아이 엄마의 손에는 색색의 가방이 들려 있었다. 아마도 오늘 가야 할 학원들의 교재가 담겨 있는 모양이었다. 아이는 불안한 얼굴로 엄마 얼굴만 흘끔흘끔 보았다. 그러고는 몇 번 발을 구르지도 못한 채 그네에서 내려야 했다.

유치원 때 초등학교 공부를 시작해야 4학년 때 중학교 공부를 할 수 있다든지, 고등학교 입학 전에 수학 공부를 마쳐야만 좋은 대학에 입학한다든지 하는 이야기가 벌써 내 귀에도 들어온다. 게으를 틈은 십 분도 주지 않고, 시간을 꽉꽉 채워야 아이가 보람 있게 지낼 수 있다고 굳게 믿는 사람도 많다. 속없이 두 아이와 놀고 있다 보면 그런 우리를 쳐다보는 시선이 느껴진다. 놀이터 긴 의자에 교재를 펼쳐놓고 학원 숙제를 시키는 엄마들이 한껏 걱정스러운 표정으로 나를 바라본다.

'아이들을 저렇게 마냥 놀게 하면 공부 습관 들이기가 제법 힘들 텐데….'

눈빛으로 하는 이야기가 텔레파시처럼 또렷하게 들리는 기분이다. 더 준비하고 늘 앞서야 한다는 생각이 부모들만의 전유물은 아니다. 젊은 부자 열풍이 한창일 때 무자본 창업에 관심을 둔 대학

모든 삶은 실수로 시작된다

생들이 많았다. 돈을 버는 방법을 급하게 물어오는 그들과 이야기를 나누다가 자연스레 알게 된 것이 있다. 다들 급한 삶에 도가 텄다는 사실이었다. 그런데 초등학교 저학년 때 공부를 시작해 일찌감치 앞서갔던 사람들이 하나같이 비슷한 이야기를 꺼냈다. 빠르면 고등학교 때, 늦으면 대학에 다닐 때 예외 없이 공부가 싫어졌다고 했다. 대학을 졸업하고 정신없이 취업을 한 뒤 갑작스레 삶을 허무해하는 사람도 있었다. 급하게 뛰어서 여기까지 왔는데, 다음엔 뭘 해야 할지 모르겠다며 쓸쓸하게 웃는 모습이 안쓰러웠다.

삶은 여행과 비슷하다. 지도에 유명한 곳을 표시해 두고 급하게 발걸음을 옮긴 뒤 사진만 찍고 돌아오면 머릿속에 아무것도 남는 게 없다. 주변 사람들한테 이런 곳에 다녀왔다고 자랑하는 게 고작이다.

모르는 곳에 가서 목적 없이 휘적휘적 걷다 보면 생각지도 못한 풍경이 눈에 들어온다. 삐뚤빼뚤 이어진 골목, 동네 사람들만 가는 식당, 갓 따온 과일이 가득한 상점, 건널목 근처에 서 있는 사람들, 길거리 음식을 사 달라고 조르는 아이들을 보며 오래 남을 기억을 얻을 수 있다.

남들한테 말할 거리를 마련하려고 공부를 하고 인생을 살면 이름난 곳에서 렌즈만 들여다본 사람처럼 겉멋만 잔뜩 들게 마련이다. 새벽같이 일어나서 온종일 돌아다녀도 길가에 핀 꽃 한 송이를 눈

실수 29 게으름의 위력을 알아챌걸 그랬다

치채지 못한다면 그 삶은 허무한 시간 낭비로 마무리될지 모른다.

"늦더라도 기다려 주자."

누구보다 게으른 아빠인 나는 아내와 그렇게 마음을 모았다. 내가 옮겼던 조급한 걸음을 우리 아이들은 걷지 않았으면 하는 마음에서였다. 어느 쪽으로 가야 한다고 등을 떠밀면 속도는 조금 빨라질지 몰라도 실수를 해 볼 기회는 영영 사라지고 만다. 여덟 살일 땐 여덟 살대로, 열여덟 살일 땐 열여덟 살대로 겪어봐야 할 실수가 있다고 나는 믿는다.

생각보다 일찍 도착한 카페에서 멍하니 자리를 지키고 있으면 급하게 도착한 상대가 잔뜩 미안해하며 말한다.

"아이쿠, 죄송합니다. 제가 조금 늦었습니다. 기다리느라 많이 지루하셨죠?"

그럼 나는 활짝 웃으며 고개를 젓는다.

"아닙니다. 이런 시간이 저는 좋습니다."

게으름의 위력을 알게 된다면, 아마 상대도 나처럼 아무것도 하지 않은 채 십 분쯤 앉아 있고 싶어질지도 모르겠다. 그렇게 머리를 비워두면 상대가 하는 말도 잘 들리고, 좋은 아이디어도 더 자주 튀어나온다. 며칠 뒤면 순간랩에 가서 오랜만에 회의를 하는 날이다. 평소처럼 일찌감치 집을 나서서 전철역 두 정거장쯤 걸어가며 바뀐 계절을 눈에 담아 보아야겠다.

더 많이 실수해 볼걸 그랬다

새마을호 기차를 타고 다섯 시간을 꼬박 달려야 서울에 도착하던 시절, 부산 동쪽 끝 바닷가 마을에 살던 촌놈이 서울 서쪽에 있는 대학에 들어갔다. 부모님 몰래 틈틈이 연습하던 춤을 이제는 마음 껏 출 수 있겠단 생각에 강의실보다 동아리방을 더 자주 기웃거리던 촌놈은 학과 공부보다 춤 익히기에 시간을 쏟았다. 그때는 수업을 빼먹고 동아리방에 눌러앉아도 아무도 이상하게 여기지 않았다. 대학에 아직은 낭만의 끝자락이 남아 있던 시절이었다.

그때 한창 드나들던 댄스 동아리에는 별난 선배가 여럿 있었다. 그 가운데엔 커다란 스포츠카를 학교 안까지 몰고 들어오는 선배도 있었다. 그 선배의 한 달 용돈이 백만 원이 넘는다는 말에 깜짝 놀랐던 기억이 난다. 내가 다니던 대학의 한 학기 등록금이 삼백만 원 남짓이었으니, 그 선배의 씀씀이를 상상하기가 쉽지 않았다. 여럿이 한데 어울려 연습실에서 땀을 흘리고 있다 보면, 밤늦은 시각에 으레 그 선배가 나타났다. 연습용으로 틀어놓은 시끄러운 음악 사이로 부웅하는 스포츠카 특유의 배기음이 들려오면, 우리는 추던 춤을 멈추지 않은 채 문 쪽에서 들려오는 소리에 귀를 쫑긋 세웠다. 문이 활짝 열리고, 선배는 경쾌한 걸음걸이로 우리를 향해 걸어오며 외쳤다.

"가자!"

기다렸다는 듯 다들 입구를 향해 달려갔고, 선배는 그런 우리를 몰고 단골 밥집으로 갔다. 밥도 팔고 술도 파는 그곳에는 갖가지 크기의 테이블이 여기저기 놓여 있었다. 되는대로 자리를 잡고 앉아 와글와글 떠들고 있다 보면, 뭐든 마음껏 주문하라는 선배의 호기로운 외침이 들려왔다. 그러면 한껏 신이 난 우리들은 격렬하게 몸을 쓴 뒤 무장 해제된 먹성을 증명하기라도 하듯 닥치는 대로 메뉴를 고르기 시작했다. 눈앞에 가득 놓인 밥과 음식에 반주로 걸칠 술이 한 바퀴 돌고 나면 분위기는 순식간에 달아올랐고, 우리는 밤을 새워가며 젊음을 마셨다. 스무 해 인생을 통틀어 가장 자유롭던 시절이었다.

하지만 타고난 성향 자체가 걱정이 많고 조심스러웠던 나는 그 빛나던 시간을 길게 누리지 못했다. 좀 더 즐기고 만끽해도 좋았으련만, 고질병처럼 이런저런 생각들이 마음 한구석에서 스멀스멀 고개를 들었다. 오래지 않아 나는 춤 연습이 끝난 뒤 밥만 간단히 먹고 자리에서 일어났다. 좀 더 있으라고 붙잡는 손길에도 꿋꿋하게 대답했다.

"그만 가 봐야 해."

당시 중앙도서관에는 밤새 운영하는 열람실이 있었다. 나는 학교로 돌아가서 열람실 한 구석에 자리를 잡았다. 그러고는 늦은 시각까지 밀린 공부를 했다. 놀고 싶은 생각이 불쑥불쑥 찾아오면 애써 마음을 다잡았다.

'정신 차리자. 까딱하다간 뒤처지고 말 거야.'

그때 나는 스스로 균형을 잘 잡고 있다고 생각했다. 하지만 실상은 양쪽 세상의 경계에 위태롭게 서 있을 뿐이었다. 춤과 노래가 흐르는 자유로운 세상과 책과 공부로 가득 찬 답답한 세상, 그 어느 곳에도 온전히 머물지 못한 채 매일같이 조바심만 내고 있었다. 그런 내 모습을 가까운 곳에서 지켜본 사람이 당시의 여자 친구, 그러니까 지금의 아내였다. 연습실과 도서관을 오가며 동동거리는 나를 보며 여자 친구는 매번 걱정스러운 표정을 지었다. 좀 더 여유를 가져 보라고 조심스레 말을 해주었지만, 그런 이야기는 귀에 들어오지 않았다. 나는 믿고 싶었다. 일분일초도 허투루 쓰지 않고 계획을 세워서 살다 보면 대학을 졸업할 즈음엔 좋은 시절이 날 기다릴 거라고 말이다.

생각해 보면, 그때 마음 한구석에서 이렇게 살면 안 된다고 외치는 소리가 들렸던 것 같다. 하지만 나는 그 외침을 무시했다. 스스로를 구할 소중한 기회를 날려버린 것이다. 풋풋하지만 위태로웠던 20대 시절의 나는 다른 사람을 의식하는 데 온 힘을 쏟았다. 이렇게 계속 춤을 추다 보면 부모님이 언젠가는 실망하시겠지, 당장은 공부하기 힘이 들지만 나중에 좋은 회사에 들어가면 주위에서 분명 대단하다 말하겠지 그런 생각들로 머릿속을 가득 채웠다. 마음 깊은 곳을 들여다볼 엄두는 내지 못했고, 정작 내가 어떤 삶을 살고 싶은가는 뒷전이었다. 그저 하루하루 실수 없이 사는 게 최선이라 여기며 그 시간을 버렸다.

계획대로 되는 일이 없다는 걸 알게 된 게 비교적 최근의 일이다. 인생의 어느 부분을 되돌아보아도 생각지도 못한 곳에서 문이 나타났다. 열고 보니 나쁜 일이 기다린다고 해서 끝까지 잘못된 결과로 남는 것도 아니고, 행운이라고 여겼던 일이 나중에 불운으로 바뀌는 경우도 허다했다. 착실하게 올바른 길을 가고 있다고 여겼던 대학생활도 마찬가지였다. 그런 고지식한 생각은 뒤늦게 나를 고생시켰다. 진즉 치러야 할 방황을 졸업할 무렵에야 겪었던 것이다. 집안을 발칵 뒤집어 놓은 내 방황의 꼬리는 길었고, 이리저리 부딪히며 온갖 실수를 저지른 후에야 어떻게 살아야 할지 어렴풋이 길이 보이기 시작했다. 그래서일까. 한창 크고 있는 아이들을 바라보며 아내가 걱정할 때마다 나는 툭 던지듯 이야기한다.

"그냥 두자. 실수도 자꾸 해 봐야 늘지."

두 번째 책을 내고 한 달쯤 되었던 때였다. 출판을 기념한 행사가 있던 날, 아침에 눈을 떴는데 목이 잠겨서 말이 나오지 않았다. 내 실수였다. 사람들 앞에 나설 일이 많을 땐 목을 아껴야 했는데, 이틀 전에 있었던 강의에서 말을 너무 많이 해버리고 말았다. 도라지 엑기스도 먹고 꿀물을 타서 마셔보기도 했지만 별 소용이 없었다. 약속된 시간은 속절없이 다가오고, 나는 결국 그 상태로 무대 위에 서야 했다. 입이 바짝바짝 마르고 등 뒤에서 땀이 흘렀다. 이 사태를 어떻게 해야 할까 안절부절못하면서 일단 입을 열었는데, 평소라면 생각지도 못할 만큼 낯선 목소리가 흘러나왔다. 나는 생각했다.

'망했구나.'

모든 삶은 실수로 시작된다

그대로 사라져 버리고 싶다는 심정으로 겨우 앞을 보았다. 크지 않은 행사장에 관객이 절반쯤 들어차 있었다. 그런데 사람들의 표정이 묘했다. 내가 던진 말이라고는 길지 않은 인사뿐이었는데, 다들 다음 이야기를 기대하며 내 얼굴을 보고 있었다. 무슨 일인가 싶어 순간 어리둥절해졌다. 목이 아프다 보니 평소보다 어눌하게 말을 꺼냈는데, 그게 관심을 끌었던 모양이었다. 혹시나 싶어 한 마디를 더 해 보았다. 여전히 텁텁한 목소리였지만, 사람들이 귀를 기울이는 모습이 보였다. 의외였다. 생각지도 못한 전개에 내심 당황해하며 느릿느릿 말을 이어갔다. 내 말 한 마디 한 마디에 사람들의 표정이 휙휙 바뀌는 게 보였다. 여느 때보다 만족스러운 강의를 마치고 나는 무대에서 내려왔다. 그날 이후, 강의를 해야 할 때 몸이 좋지 않아도 더 이상 겁이 안 난다. 그럴 땐 먼저 이렇게 말을 꺼낸다.

"여러분, 운이 참 좋으십니다. 제가 몸살기가 좀 있어요. 코맹맹이 소리가 나겠지만, 오늘 강의는 재미있을 겁니다. 몸이 좋지 않을수록 말을 잘하는 버릇이 제게 있거든요."

실수도 자꾸 해 봐야 는다. 실수하는 횟수가 늘어날수록 마음의 크기도 덩달아 커진다. 돌이켜 보면, 그동안 내가 살면서 저질렀던 최대의 실수는 생각이 너무 많았던 거였다. 모든 경우의 수를 꼼꼼

실수 30 더 많이 실수해 볼걸 그랬다

히 따져보고, 일일이 대비책을 세워놓을수록 인생은 오히려 이상한 쪽으로 굴러가곤 했다. 피하려고 하거나 미뤄두어도 일어날 일은 어차피 일어난다. 실수도 마찬가지다. 아예 하지 않으려면 그저 집에만 틀어박혀 있는 게 상책이다. 뭔가 하려고 들면 실수는 세트로 따라온다. 삶 속에서 마주치는 모든 순간은 언제나 새롭고 낯설다. 그렇게 하나하나 겪어내며 단단했던 생각이 부드러워지는 게 인생인데, 예전의 난 그 사실을 몰랐다. 어떤 문을 열어야 실수를 덜 할까 고민하느라 더 많은 문을 열어볼 기회를 놓치며 살았다.

지금까지 했던 실수들을 떠올리면 얼굴이 화끈거린다. 문제는 앞으로도 그만큼의 실수를 하게 될 거란 점이다. 나는 원래 호기심이 많다. 뭔가 관심이 가면 금세 달라붙어 해 보는 편이다. 호기심의 개수만큼 실수도 자연스레 늘어가는 것, 그것이 내가 알게 된 인생의 모습이다.

대학에 다니던 시절, 아침에 눈을 뜨는 게 힘이 들었다. 좁은 하숙방에서 낡은 천장을 올려다보며 나는 생각했다.

'아침이 밝았구나. 오늘은 하루를 또 어떻게 버텨낼까.'

요즘엔 아침에 눈을 뜨면 가슴이 두근거린다.

모든 삶은 실수로 시작된다

'아침이 밝았구나. 오늘은 또 뭘 해 볼까?'

그때보다 딱 두 배의 나이가 되었다고 해서 내가 딱히 현명해진
건 아니다. 그저 실수하는 게 덜 두려워진 것뿐이다. 이제는 어떻
게 살아갈지 계획을 세우는 일은 그만두었다. 그저 눈앞에 닥친 일
을 하나하나 처리하며 하루를 보내곤 한다. 예전과 달라진 점이 있
다면, 지금 이 순간에 최선을 다한다는 정도일 거다. 지금도 여전
히 부족한 사람이라, 애를 써도 여전히 실수가 많다. 그럴 땐 생각
한다.

'앗, 실수했다. 이건 또 어떻게 해결해 볼까?'

여전히 무표정할 때가 많지만, 마음이 편안해지니 예전보다 웃음
이 많아졌다. 아무래도 그런 변화는 가까이 있는 사람이 가장 빨리
눈치채는 것 같다. 햇살이 쏟아지는 한낮, 소파에 기대어 한창 놀
고 있는 아이들을 바라볼 때였다. 나도 모르게 멍해져서 뭔가 생각
에 빠져 있었나 보다. 그때 문득 큰아이의 목소리가 들렸다.

"어, 아빠, 지금 또 재미있는 생각 한다!"

퍼뜩 정신을 차리고 보니, 놀고 있던 아이들이 싱긋 웃으며 나를

실수 30 더 많이 실수해 볼걸 그랬다

처다보고 있었다. 나는 얼른 내려가 두 아이를 꺼안고 바닥에서 한 꺼번에 뒹굴었다. 그러다가 온몸에 먼지가 묻는다고 아내한테 타박을 들었지만, 그래도 함께 깔깔거리며 계속 여기저기 굴러다녔다. 이럴 줄 알았으면 진즉 더 많이 실수해 볼걸 그랬다. 그럼 좀 더 빨리 행복해졌을 텐데 말이다.